Le sommeil
du nourrisson

De la même auteure

Rêves & Créativité
Comment atteindre ses objectifs par les rêves
Préface de Roger St-Hilaire
Éditions Le Dauphin blanc – 2003

S.O.S. cauchemars
Techniques pour s'en libérer
Préface de France Castel
Flammarion Québec – 2005

Le rêve et ses bénéfices
Découvrez-les à travers des témoignages
Préface de Nicole Gratton
Éditions L'ABC des Rêves et du Sommeil – 2007

Mieux dormir... j'en rêve !
Stratégies pour mieux dormir
adaptées à la femme et à l'homme modernes
Préface du Dr Jean Drouin
Les Éditions de Mortagne – 2009

Comment aider mon enfant à mieux dormir
De la naissance à l'adolescence
Préface de Germain Duclos, psychoéducateur
Les Éditions de Mortagne – 2009

Comprendre les dessins de mon enfant
Les Éditions de Mortagne – 2011

La sieste chez l'enfant
Préface du Dr François Dumesnil, psychologue
Les Éditions de Mortagne – 2012

Une discipline en douceur
Les Éditions de Mortagne – 2013

Guide pratique des routines du coucher et du lever
En format numérique seulement
brigittelangevin.com – 2015

Catalogage avant publication de Bibliothèque et Archives nationales du Québec et Bibliothèque et Archives Canada

Langevin, Brigitte, 1964-

    Le sommeil du nourrisson
    Édition revue et augmentée.
    Édition originale : 2011.
    ISBN 978-2-89662-596-3

1. Nourrissons - Sommeil. 2. Troubles du sommeil chez l'enfant. I. Titre.
R J506.S55L362 2016   618.92'8498   C2016-940514-1

Édition
Les Éditions de Mortagne
Case postale 116
Boucherville (Québec)
J4B 5E6
editionsdemortagne.com

Images en couverture
©Andrzej Burak et Qiun, iStockphoto

Tous droits réservés
Les Éditions de Mortagne
© Ottawa 2016

Dépôt légal
Bibliothèque et Archives Canada
Bibliothèque et Archives nationales du Québec
Bibliothèque nationale de France
2e trimestre 2016

ISBN : 978-2-89662-596-3
ISBN (epdf) : 978-2-89662-597-0
ISBN (epub) : 978-2-89662-598-7

3 4 5 6 7 – 16 – 20 19 18 17

Imprimé au Canada

Financé par le gouvernement du Canada | **Canadä**

Gouvernement du Québec – Programme de crédit d'impôt pour l'édition de livres – Gestion SODEC.

Membre de l'Association nationale des éditeurs de livres (ANEL)

ASSOCIATION NATIONALE DES ÉDITEURS DE LIVRES

Brigitte Langevin

Le sommeil du nourrisson

ÉDITIONS DE MORTAGNE

À tous les parents dévoués
qui aiment tellement leur bébé
qu'ils ne peuvent tout simplement
pas se résoudre à lui dire bonne nuit !

À tous les bébés
qui rêvent de bénéficier
d'un sommeil ininterrompu.

TABLE DES MATIÈRES

INTRODUCTION

Bien que le sommeil soit encore de nos jours un phénomène mystérieux, les connaissances actuelles sont heureusement suffisantes pour aider les familles à connaître de meilleures nuits de repos.

Nous savons d'ores et déjà que les bébés ne naissent pas avec un gène des bonnes habitudes du sommeil ; celles-ci doivent être apprises. Or, c'est dès la naissance que se construit notre rapport au sommeil. Selon notre routine, on devient un bon ou un mauvais dormeur. Les parents ont une responsabilité éducative majeure à assumer dans ce domaine. Il leur appartient de se renseigner sur les mécanismes du sommeil, d'en comprendre les enjeux et d'adopter les attitudes appropriées.

Lorsque j'ai entrepris les consultations sur le sommeil des enfants, je ne m'imaginais pas avec quelle facilité un nourrisson pouvait apprendre à faire ses nuits... si on lui en donnait l'occasion. Le secret réside, bien entendu, dans la préparation des parents et la bonne santé du bébé. En fait, vous avez plus d'influence que vous ne le pensez sur le sommeil de vos enfants.

Dans ce livre, vous vous familiariserez avec le fonctionnement d'un sommeil normal, les besoins en sommeil, les mythes du sommeil, la nature des différents troubles du sommeil et les conditions d'une bonne hygiène de sommeil. Je propose également une stratégie pour favoriser l'apprentissage du sommeil chez les nourrissons. Par ailleurs, vous découvrirez au cours de votre lecture un texte destiné aux papas et un autre, aux mamans, en plus d'un chapitre sur le lien d'attachement. Je vous invite à ne pas sauter ces pages, même si vous désirez consulter directement la stratégie proposée.

Ce petit guide porte particulièrement sur le sommeil du nourrisson, c'est-à-dire l'enfant âgé de 8 semaines à 11 ou 12 mois. Dans l'éventualité où vous ne trouveriez pas toutes les réponses à vos questions dans les pages qui suivent ou si vous désirez vous renseigner sur le sommeil des enfants plus vieux (de 1 à 16 ans), je vous invite à vous procurer le livre *Comment aider mon enfant à mieux dormir*, paru aux Éditions de Mortagne.

Si votre questionnement concerne plutôt les siestes, vous trouverez des éléments de réponse supplémentaires dans le livre *La sieste chez l'enfant*, également publié aux Éditions de Mortagne.

Que vos prochaines nuits de sommeil soient les meilleures ! Bonne lecture !

Chapitre 1

TÉMOIGNAGES

Voici quelques messages reçus de parents que ce livre a aidés :

– *Chère Brigitte, j'ai eu la chance d'assister à votre conférence sur le sommeil du nouveau-né avant même la naissance de mon premier enfant. Grâce à cette expérience et à la lecture de votre livre, la transition vers un sommeil autonome s'est faite en douceur, sans trop de pleurs, car j'ai appliqué progressivement les principes abordés dès que mon enfant a atteint l'âge de 8 semaines. J'ai aussi fait appel à vous, en consultation téléphonique, pour m'aider à ajuster les siestes et, encore une fois, votre approche professionnelle et respectueuse m'a beaucoup plu et vos conseils ont été couronnés de succès. La vie des poupons et des parents serait tellement plus simple si tout le monde avait l'occasion de vous connaître avant la naissance du bébé ! Je continue de répandre la bonne nouvelle et je vous souhaite une excellente continuation ! Encore merci !*

Elisabeth, maman et médecin

— *Bonjour, Brigitte, à la suite de notre appel, j'ai effectué un gros travail afin que mon petit coco de 4 mois dorme bien. L'émotion ressentie était intense... J'ai eu envie d'abandonner bien des fois, mais... grâce à vos conseils et à vos encouragements, j'ai finalement réussi. Du petit pleurnichard qu'il était, il est devenu souriant et toujours de bonne humeur. Wow ! C'est tellement agréable. En plus, dormir toute une nuit... j'adore ! Je suis une maman reposée et enfin j'ai l'énergie nécessaire pour jouer avec mes deux autres cocottes, de 2 et 3 ans. Merci d'être là pour nous.*

Mélanie Ouellet

— *Il fallait que je t'écrive pour te remercier... Jacob (10 semaines) fait maintenant de belles nuits et de belles siestes. Dès que je vois apparaître les signes de fatigue, je le calme et je le dépose dans son lit. Il chigne un peu et s'endort tout de suite. C'est merveilleux ! J'ai un petit bonhomme tellement de bonne humeur dans la journée que j'apprécie encore plus les moments que je partage avec lui ! J'ai maintenant plus de facilité à reconnaître les besoins de Jacob. J'ai vraiment l'impression qu'il me remercie de respecter son rythme et de le comprendre... On peut dire que tu es arrivée à point dans nos vies, juste à temps pour que Jacob prenne de bonnes habitudes de sommeil. On devrait être mis au courant des besoins en sommeil de bébé et surtout apprendre comment y répondre, dans les cours prénataux. En tout cas, je peux te dire que je parle de toi et de tes conseils à mes amis. J'en ai même glissé un mot à ma dentiste, qui a une cocotte de 4 mois qui ne fait toujours pas ses nuits !*

Linda, Markus et bébé Jacob

— *Bonjour, Brigitte, je voulais simplement vous faire part de mon expérience après avoir assisté à votre conférence sur le sommeil des enfants, à la Maison de quartier, il y a un peu plus d'un mois... Dès le lendemain, j'ai appliqué ce que j'avais appris. Ma fille Elsa, âgée de 3 mois et demi, dort désormais toute seule comme une grande. Je mentirais si je disais que ce fut facile... J'ai failli abandonner dès la première soirée, mais j'ai eu un bon appui de la part de mon chum et de ma mère. Elsa fait maintenant des dodos de 12 heures, de 7 h 30 le soir à 7 h 30 le matin, et de belles siestes.*

Sindy Lapointe

— *Bonjour, Brigitte, je t'écris simplement pour te remercier, pour les conseils que tu nous as donnés. Pour toi, ce n'est peut-être pas grand-chose, mais, pour notre famille, la vie a changé ! Nous avons appliqué les stratégies dodo de nuit le 6 mars dernier avec notre Charlie, âgée de 6 mois. Le 9 mars, elle faisait ses nuits. Le même jour, j'ai commencé pour les dodos de jour. Ç'a pris environ 5 à 7 jours à ma fille pour bien assimiler (et accepter !) sa nouvelle routine. C'est merveilleux, elle dort 2 heures le matin, 2 heures l'après-midi et, le soir, à 19 h, dodo sans un mot dans son lit, jusqu'à 6 h le lendemain... Je crois rêver !! J'ai enfin repris le contrôle de mes journées ; je peux cuisiner, lire, faire le ménage, parler au téléphone... et retrouver une poulette en pleine forme après ses beaux dodos ! J'ai compris des choses sur le sommeil de bébé, mais aussi sur mon comportement. Je faisais beaucoup d'erreurs. Je veux encore deux enfants (j'aimerais me rendre à quatre !) et je me sens maintenant mieux outillée ! Merci pour ton bon travail, je parle de toi à tout le monde !*

Geneviève Robitaille

Vous êtes maintenant rassurés et convaincus que votre bébé peut dormir ? Et vous, vous voulez mieux dormir ? Alors, tournez cette page avec confiance.

Chapitre 2

LA STRUCTURE DU SOMMEIL DU NOURRISSON

Dans son livre intitulé *Chut ! Fais dodo...**, le Dr Nadia Gagnier, psychologue, explique que l'activité du cerveau se traduit, au cours des 24 heures d'une journée complète, par la succession de différents niveaux de vigilance qui affectent l'état de conscience et la capacité d'attention chez un individu. Chez l'adulte, on compte, en plus des différentes phases d'éveil, le sommeil lent (composé de sommeil profond et léger) et le sommeil paradoxal (appelé aussi sommeil de rêves). Chez le nourrisson, on peut distinguer quatre états de vigilance :

- Le sommeil calme (l'équivalent du sommeil lent chez l'adulte) est caractérisé par la quasi-immobilité

---

* Gagnier, Nadia. *Chut ! Fais dodo...*, coll. Vive la vie... en famille – Volume 3, Montréal, Éditions La Presse, 2007, 80 p.

du bébé. Sa respiration est calme et régulière. Ses yeux sont fermés et ne bougent pas.

- Le sommeil agité (l'équivalent du sommeil paradoxal chez l'adulte) présente des mouvements oculaires rapides ainsi que des tressaillements, mais la plupart du temps le bébé est en phase d'atonie musculaire (muscle sans tonus). Son visage est aussi très expressif. Ses yeux peuvent parfois s'entrouvrir et son visage exprime les six émotions fondamentales : la colère, la surprise, le dégoût, la peur, la tristesse et la joie. Cet état induit souvent le parent en erreur, qui croit alors que le bébé est réveillé ou souffrant, qui le prend et, du même coup, le réveille.

- L'éveil calme est de courte durée dans la première année de vie. Il s'agit de brefs moments (quelques minutes) au cours desquels le bébé peut être attentif à son environnement. Cependant, un bébé qui n'a aucun éveil calme dans sa journée est un bébé qui ne dort pas assez.

- L'éveil agité, avec ou sans pleurs, est assez fréquent dans la journée. Le bébé est alors peu attentif à son environnement. Un bébé qui n'a que des éveils agités est, encore une fois, un bébé qui ne dort pas assez.

Chez le nourrisson, un cycle de sommeil dure de 30 à 45 minutes. Le bébé peut généralement dès la naissance enchaîner plusieurs cycles de sommeil totalisant de 2 à 4 heures d'affilée. Si votre bébé s'éveille régulièrement au bout d'un cycle, il est préférable de veiller à ne pas le stimuler (ne pas le prendre, par exemple) et de le laisser dans son lit en le caressant un peu pour lui permettre de se rendormir.

Le sommeil de nuit va s'allonger de plus en plus vers la huitième semaine. Quant au sommeil de jour, il va progressivement s'organiser et passer de plusieurs siestes à trois périodes de siestes, soit une le matin, une en début d'après-midi et une autre en fin d'après-midi (parfois avec l'aide du parent).

L'étude des différents états de vigilance est fascinante, mais l'essentiel à retenir est que les bébés se réveillent naturellement et régulièrement pendant de brefs instants, tout au long de la nuit et lors des siestes. Un bon dormeur s'abandonne de lui-même au sommeil et se rendort sans aide. Et tous les bébés, sans exception, peuvent devenir de bons dormeurs.

Chapitre 3

LES BESOINS EN SOMMEIL

Bien que chacun soit unique, un point demeure commun à tous les bébés : ils ont besoin de dormir. Les pédiatres Challamel et Thirion ont estimé que le total des heures de sommeil dont les bébés ont besoin par période de 24 heures est généralement le même selon leur tranche d'âge et leur poids[*].

---

[*] Challamel, Marie-Josèphe et Marie Thirion. *Mon enfant dort mal*, coll. Évolution, Paris, Pocket, 2003, 383 p.

DE 0 À 8 SEMAINES
(moins de 5 kg – 12 lb)

Sommeil total requis : de 16 à 20 heures environ

Que votre bébé soit nourri au sein ou au biberon, vous ne pouvez pas vous attendre à ce qu'il fasse ses nuits dès les premières semaines, c'est-à-dire à ce qu'il dorme de 5 à 6 heures d'affilée. Si c'est le cas, et qu'il est en santé, dites-vous que vous êtes des parents chanceux et profitez-en pour dormir vous aussi.

Cependant, si tel n'est pas le cas, n'hésitez pas à reproduire des conditions semblables à celles du ventre de maman. L'enfant aimera dormir à l'étroit (être emmailloté), être en mouvement (porte-bébé, poussette, chaise vibrante, etc.), entendre un bruit de fond (le son des vagues ou un tic-tac). Dans vos bras, toutes ces conditions sont réunies, car il est à l'étroit, en mouvement et il entend votre cœur battre. L'important, c'est que ce soit sécuritaire. Surtout, rassurez-vous : cela ne viendra pas nuire au processus d'apprentissage du sommeil plus tard, car vous reproduisez ce que bébé connaît déjà. Les seules personnes qu'on gâte, c'est vous !

La plupart des nouveau-nés dorment seulement d'une à 3 ou 4 heures à la fois. Parce qu'ils n'ont pas encore assez de réserves pour dormir de longues heures d'affilée, la faim les réveille souvent. Par conséquent, leur sommeil est saccadé. La règle énoncée par la psychologue Anne Bacus est de ne pas les maintenir éveillés plus de 2 heures à la fois[*]. Notez bien qu'il s'agit d'une durée maximale et non pas d'un objectif à atteindre. Il est donc normal de voir se manifester des signes de fatigue (l'enfant bâille, frotte ses yeux, son nez, ses oreilles, il s'agite, chigne, son arcade sourcilière rougit, etc.) au bout d'une heure d'éveil seulement.

Parfois, les nouveau-nés dorment davantage le jour que la nuit. Toutefois, si, vers la fin du deuxième mois, il continue de dormir principalement le jour, il faudra éviter de stimuler votre bébé la nuit (par exemple, en prenant soin de le nourrir à la pénombre, de ne pas trop lui parler, de le manipuler le moins possible) et faire l'inverse le jour, durant les périodes d'éveil. Il constatera ainsi qu'il a avantage à dormir la nuit.

Ne vous en faites pas, ce n'est que 2 mois... pas toute la vie !

---

[*] Bacus, Anne. *Le sommeil de votre enfant*, Paris, Éditions Marabout, 2007, 286 p.

DE 3 À 7 OU 8 MOIS
(6 ou 7 kg et plus – 13 ou 14 lb et plus)

Sommeil total requis : environ 16 heures
(11 heures et demie la nuit ;
4 heures et demie en trois siestes)

L'horloge biologique de votre bébé lui permet désormais de distinguer la nuit du jour. Il passe plus de temps éveillé le jour et dort durant de plus longues heures la nuit. Ce changement est en partie attribuable au fait qu'il est de plus en plus éveillé, curieux et sociable, et de moins en moins dérouté par le monde qui l'entoure. De plus, parce que son estomac se développe et contient davantage de nourriture, votre bébé peut tenir plus longtemps entre chaque boire. Une bonne majorité des bébés commence même vers 10 ou 12 semaines à dormir 7 ou 8 heures d'affilée. Lorsqu'il atteint 6 mois, et parfois bien avant, selon son poids (de 6 à 7 kg et plus), il n'y a plus lieu de nourrir le bébé la nuit. S'il n'arrive pourtant pas à faire ses nuits, votre bébé aura sans doute besoin d'aide. Nous y reviendrons plus loin.

DE 9 À 12 MOIS

Sommeil total requis : environ 15 heures
**(11 heures et demie la nuit ;
3 heures et demie en deux siestes)**

Par rapport à la tranche d'âge précédente, le besoin de sommeil nocturne de votre bébé demeure inchangé : il est de 11 à 12 heures et il en sera ainsi pour au moins les 6 ou 7 prochaines années. Au cours de cette période, la sieste de fin d'après-midi disparaît. Un bébé qui la réclame encore est un bébé dont la sieste de début d'après-midi est insuffisante. Voyez le tableau suivant pour connaître la durée moyenne des périodes de sommeil selon l'âge.

Durée moyenne des périodes de sommeil chez l'enfant selon l'âge

Âge	Nuit	Jour	Nombre de siestes et durée
1 sem.	8 à 10 h	8 à 10 h	Sommeil ponctué de nombreux réveils.
1 mois	8 à 10 h	7 à 9 h	Dort durant des périodes de 3 ou 4 heures.
3 mois	9 à 12 h	5 à 6 h réparties en 4, 5 ou 6 siestes	Différencie la nuit et le jour. Si le bébé dort plus le jour que la nuit, il faut éviter toute stimulation la nuit (garder la lumière éteinte et ne pas trop lui parler durant les boires) et augmenter les stimulations le jour (jouer, lui parler, le mettre à la clarté, etc.), entre les siestes.
4 à 8 mois	11 à 12 h	3 à 4,5 h en 3 siestes	Sieste le matin, en début d'après-midi et courte sieste (environ 45 min) en fin d'après-midi.
9 à 17 mois	10 à 12 h	3 à 4 h en 2 siestes	Sieste en matinée (entre 8 h 30 et 10 h 30), dont la durée diminuera graduellement jusqu'à ce qu'elle disparaisse finalement entre 16 et 18 mois, et une en début d'après-midi (entre 12 h 30 et 15 h).

Âge	Nuit	Jour	Nombre de siestes et durée
18 à 30 mois	10 à 12 h	2 à 3 h en 1 sieste	Longue sieste en début d'après-midi (entre 12 h 30 et 15 h).
3 ou 4 ans	10 à 12 h	1 à 2 h	Sieste en début d'après-midi (entre 13 h et 15 h).
4 ou 5 ans	10 à 12 h	30 à 45 min	Détente après le repas du midi sans l'obligation de dormir.

Des études ont démontré que tous les bébés du monde, qu'ils soient nés en Amérique, en Asie ou en Europe, ont besoin d'autant de sommeil. L'horaire peut varier en fonction de la culture, mais la quantité de sommeil demeure sensiblement la même.

Chapitre 4

LES BONNES PRATIQUES

Les associations que le bébé établit entre le sommeil et son environnement conditionnent la manière dont il gère ses réveils périodiques et son endormissement... et cela parfois pour toute sa vie ! Les pédiatres Challamel et Thirion sont formelles à cet effet : ces associations sont dites adaptées si elles favorisent l'autonomie, c'est-à-dire la capacité de s'endormir seul, et inadaptées si l'enfant est dépendant d'un objet ou d'une personne quand vient le temps de trouver le sommeil. Tous les enfants forment de telles associations et souvent avec la participation des parents. Par exemple, un bébé habitué à s'endormir en étant bercé ou caressé par son parent ne parviendra pas à se rendormir dans sa couchette sans un bercement ou sans la chaleur d'une main dans son dos. Il pleure alors jusqu'à ce que quelqu'un vienne recréer les conditions qu'il associe au sommeil. Un tel enfant a donc acquis, avec le concours de ses parents, une association inadaptée au sommeil.

Pour être capable de trouver par lui-même le sommeil la nuit ou durant la journée, un bébé a un apprentissage à faire. S'il s'endort chaque soir et à chaque sieste dans les bras de papa ou de maman, il aura besoin d'eux, lorsqu'il se réveillera, pour se rendormir et prolonger son cycle de sommeil.

Pour qu'il n'ait pas de difficulté à se rendormir pendant ses éveils nocturnes et durant les siestes, votre bébé doit être couché alors qu'il est encore éveillé et vous devez le laisser trouver son sommeil tout seul. Bien des parents sont tentés d'endormir leur bébé dans leurs bras pour ensuite le déposer dans son lit. Mais, comme un bébé a régulièrement des microéveils (éveils de quelques secondes) durant son sommeil, s'il ne retrouve pas, durant ceux-ci, les conditions dans lesquelles il s'est endormi, en l'occurrence les bras de papa ou de maman, il lui est impossible de se rendormir. Non seulement il s'éveille en pleurant fort, mais de plus il fragilise ensuite son sommeil pour s'assurer fréquemment que ses conditions d'endormissement n'ont pas changé.

L'insécurité qu'il ressent alors le rend très sensible aux bruits de la maisonnée (téléphone, radio, télévision, conversation, etc.) et il se réveille au moindre d'entre eux.

Le lieu idéal pour le sommeil d'un bébé est son berceau ou son lit, même s'il dort dans la chambre parentale. Son lit ne doit pas être trop grand, car les bébés aiment se sentir à l'étroit durant les premières semaines de vie. Toutefois, à partir de ses 6 mois, comme il devient plus conscient de son environnement, il est préférable que l'enfant puisse dormir dans une chambre à part. Si cela n'est pas possible, un environnement doit lui être consacré, par exemple un coin à lui, séparé par un rideau ou un meuble, afin qu'il ait l'impression d'être seul. S'il voit ses parents à ses côtés, le bébé les réclamera beaucoup plus facilement et il ne comprendra pas pourquoi ils ne réagissent pas comme d'habitude. C'est d'autant plus vrai lorsqu'il est allaité. Avec son odorat très fin, il sait tout de suite que maman est proche de lui et que son lait est à sa portée.

Une autre bonne pratique, passé le cap des 8 semaines, consiste à ne laisser bébé dormir que dans son lit, dans l'obscurité la nuit et dans la pénombre le jour. S'il dort de temps à autre dans le porte-bébé, en poussette, en auto, dans vos bras tandis que vous sautillez, dans une balançoire, etc., ne soyez pas surpris de constater que bébé se met à pleurer dès que vous le déposez dans son lit pour le coucher. Devant ce comportement, certains parents en viennent à croire que bébé a peur de son lit, que le matelas est inconfortable, que la couleur des murs est agressante, que la couchette n'est pas bien orientée dans la pièce, que bébé n'aime pas sa chambre, qu'il s'agit d'un petit dormeur, etc. Or, rien de tout cela n'est en cause. En fait, ce qui se produit, c'est que bébé a dormi pendant 9 mois dans des conditions particulières, soit à l'étroit, dans le bruit et le mouvement, et qu'en le laissant dormir ailleurs que dans son lit vous avez continué de reproduire (c'était parfois nécessaire) l'environnement du ventre de maman. Ensuite, lorsque vous le déposez dans son lit, il est convaincu qu'il ne peut pas dormir et se met à pleurer.

Voici vingt fausses croyances à propos du sommeil des bébés[*], qui font en sorte que les parents ne savent bien souvent plus quel comportement adopter.

---

[*] Inspirées des 10 mythes les plus répandus sur le sommeil, présentés dans le livre du Dr Cathryn Tobin, *Bébé fait ses nuits*, et du chapitre sur les mythes du sommeil dans le livre du Dr Nadia Gagnier, psychologue, *Chut ! Fais dodo...*

- *Les bébés allaités tardent à faire leurs nuits.*

En fait, ils ne tardent pas davantage que les bébés qui sont nourris au biberon. La différence tient au comportement du parent. Si la mère le laisse s'endormir au sein, ou si un parent le laisse s'endormir avec le biberon, l'enfant associera la tétée à l'endormissement. Il aura donc besoin du sein ou du biberon pour se rendormir après ses éveils nocturnes. Il y a moyen de profiter des bienfaits de l'allaitement tout en favorisant une autonomie de l'endormissement chez le bébé.

- *Mon bébé se réveille parce qu'il a faim.*

Passé les 6 à 8 premières semaines environ, la faim ne cause plus le réveil du bébé. Cependant, celui-ci peut aimer se retrouver au biberon ou au sein même s'il n'est pas affamé. Tout comme les adultes, les bébés mangent pour d'autres raisons qu'assouvir leur faim. Par exemple, un bébé peut téter (sein ou biberon) parce que c'est le seul moyen qu'il connaît de s'endormir. Il est important de noter que, passé la période allant de 12 à 14 semaines, dès que le bébé pèse plus de 6 ou 7 kg (entre 14 et 16 lb), la faim n'est pas en cause lorsqu'il est question de problèmes de sommeil.

- *Le silence doit régner afin que mon bébé dorme bien et longtemps.*

Dans le ventre de sa mère, le bébé a été habitué à dormir dans le bruit. Cela demeure donc acceptable pour lui de dormir au cœur de l'ambiance quotidienne de la maison. Faire en sorte d'éliminer tous les bruits quand bébé est endormi reviendrait à créer des conditions artificielles de sommeil, difficiles à maintenir en tout temps, dont bébé serait vite dépendant. Les électroménagers peuvent fonctionner (lave-vaisselle, sécheuse, laveuse), le téléphone peut sonner, le téléviseur et la radio peuvent être allumés et vous pouvez discuter avec quelqu'un. En fait, c'est le gros bon sens qui doit vous guider : par exemple, si la laveuse est contre un mur de la chambre de bébé et qu'elle cogne contre lui lors de l'essorage, ce n'est évidemment pas une bonne idée de faire le lavage lorsque le petit dort.

- *Si je souffre de troubles du sommeil, mon bébé en aura aussi.*

Les bébés ne connaissent pas l'insomnie. L'apprentissage du sommeil chez les nourrissons se fait selon les associations que le parent crée. Si elles sont inadaptées, comme cela arrive lorsqu'on a pris l'habitude de l'endormir en le nourrissant, le bébé dormira mal. Si elles sont adaptées, comme c'est le cas lorsqu'on le couche réveillé dans son lit, il aura un très bon sommeil, même si le parent souffre d'insomnie. Soyez d'autant plus vigilants si votre sommeil est de piètre qualité, car il se pourrait que votre problème remonte à votre enfance.

- *Il est plus facile d'apprendre à un bébé plus âgé à faire ses nuits ou de bonnes siestes.*

Plus vous attendez, plus vous risquez de renforcer l'association inadaptée et plus elle sera alors difficile à éliminer.

- *Je dois rassurer mon bébé la nuit, car il a peur du noir.*

Détrompez-vous, la peur du noir apparaît seulement durant la période allant de 24 à 30 mois. D'ici là, c'est fort probablement votre propre peur que vous projetez sur votre bébé. Sachez toutefois que surmonter la peur du noir fait partie intégrante du développement de l'enfant ; rares sont ceux qui échappent à cette crainte, fréquente entre 2 et 5 ans.

- *Les bébés, ça peut dormir partout.*

  Cela est vrai durant les deux premiers mois, mais en vieillissant, bébé devient de plus en plus conscient de son environnement et ne fait que des *power naps* (courtes siestes de 30 à 45 minutes), afin de ne rien manquer de ce qui se passe autour de lui. Il se montre alors grincheux pendant les périodes d'éveil et refuse par la suite catégoriquement de dormir dans son lit le jour.

- *Faire dormir un bébé dans le lit des parents est une bonne façon de régler ses problèmes de sommeil.*

  Une majorité de pédiatres et de psychologues déconseillent aux parents de faire dormir leur bébé dans le lit conjugal, surtout lorsque ceux-ci sont tentés de le faire en réaction à ses problèmes de sommeil. À court terme, toute la famille finit par dormir, mais les problèmes reviennent dès que les parents tentent à nouveau de faire dormir le bébé dans son propre lit.

- *Dormir avec bébé permet de prévenir le syndrome de mort subite du nourrisson (SMSN).*

  Selon les dernières recherches, la meilleure précaution à prendre contre le syndrome de mort subite est de coucher le bébé sur le dos, et ce, dans son propre lit. D'ailleurs, l'Association des pédiatres du Québec déconseille de laisser dormir un bébé de moins de 6 mois dans le lit de ses parents, car les lits pour adultes accroissent le risque de SMSN ou de suffocation.

- *Lorsqu'il se tourne de lui-même sur le ventre, je dois immédiatement aller retourner mon bébé, car cela favorise la mort subite du nourrisson.*

Lorsque le bébé arrive à se tourner seul, il est préférable de le laisser faire. On lui permet ainsi d'apprendre à dormir dans plusieurs positions et à se retourner par lui-même de nouveau s'il est mal à l'aise. Si vous intervenez, cela peut devenir un petit jeu agréable pour lui, sauf que... lorsque c'est le temps de dormir, ce n'est pas le moment de jouer.

- *Un bébé qu'on maintient éveillé le jour s'endort plus facilement le soir et dort plus longtemps.*

Au contraire ; s'il saute une sieste, il peut s'épuiser, être incapable de s'endormir et avoir des réveils nocturnes plus fréquents. Mieux un bébé dort le jour, mieux il dormira la nuit ; mieux il dort la nuit, mieux il dormira le jour !

- *Mon bébé ne démontre jamais de signes de fatigue.*

Les signes de fatigue passant le plus souvent inaperçus chez les bébés sont le fait de gigoter, de se trémousser et de s'agiter continuellement. Un bébé qui ne peut fixer son attention quelques secondes sur un jouet est souvent un bébé très fatigué.

- *Mon bébé est un petit dormeur.*

Seulement 5 % des bébés peuvent être qualifiés de « vrais » petits dormeurs. Pour savoir si un bébé a assez dormi, il existe deux points de repère qui ne mentent pas : il s'éveille en gazouillant ET il ne manifeste aucun signe de fatigue durant l'heure qui suit son réveil.

- *S'il dort trop longtemps le matin, mon bébé ne dormira plus l'après-midi.*

Les bébés ont besoin d'une sieste le matin jusqu'à leurs 16 ou 18 mois environ. Leur couper la sieste matinale trop tôt, c'est leur apprendre à combattre le sommeil. Il n'est pas rare alors qu'ils contestent aussi la sieste de l'après-midi et, malheureusement, que la qualité de leurs nuits se dégrade. On assiste alors à des éveils nocturnes en crise, à un réveil trop matinal et à des pleurs au coucher.

- *La percée dentaire perturbe le sommeil.*

  C'est parfois vrai, mais la percée dentaire est souvent une excuse facile lorsque vient le temps d'attribuer une cause aux problèmes de sommeil. Les dents poussent le jour aussi. Si, durant la journée, il n'y a pas de symptômes de poussée dentaire (salivation abondante, éruptions cutanées sur les joues ou le menton, irritations au fessier et parfois irritabilité), alors les réveils nocturnes n'y sont pas liés non plus.

- *Les difficultés d'endormissement, les réveils nocturnes ou les courtes siestes finissent par se corriger d'eux-mêmes à la longue.*

  Pour une grande majorité des bébés, les problèmes de sommeil iront en empirant et non en se réglant si vous n'agissez pas. Il est rare que les problèmes de sommeil disparaissent comme par magie.

- *Les bébés dorment en fonction de leurs besoins.*

  Si seulement c'était vrai ! Les bébés résistent au sommeil comme les chats fuient l'eau. Les parents doivent s'assurer que leur bébé dort suffisamment. En annexe A, vous trouverez une série de questions qui vous aideront à le vérifier.

- *Plus mon bébé se couche tard le soir, plus il va se lever tard le matin.*

Qu'on se le dise : 99 % des bébés sont des lève-tôt. Un bébé se réveille normalement entre 6 et 7 h. S'il s'éveille avant 6 h, c'est trop tôt ; s'il se réveille après 7 h, vous êtes des parents chanceux, profitez-en !

- *Je suis disposé ou disposée à me lever la nuit pour mon bébé et il se rendort rapidement. C'est donc correct de le faire.*

En effet. Cependant, si de mauvaises habitudes s'installent en cours de route, votre bébé risque de s'exposer à des problèmes de sommeil qui pourraient persister.

- *Pleurer fera du tort à mon bébé sur le plan psychologique.*

Ici, on ne parle pas d'un bébé en proie à la panique parce qu'il a été réveillé par un coup de tonnerre. Un bébé qui combat le sommeil ou conteste la sieste peut bien pleurer tout son soûl, il n'est tout simplement pas content. C'est son seul moyen de l'exprimer et il y a droit. J'ai connu des parents qui, par principe, préféraient ne pas réagir à de tels pleurs. Or, leurs bébés ne sont pas devenus différents des autres, tant sur les plans mental et psychologique qu'émotionnel. J'ai même constaté qu'ils se développaient beaucoup mieux, parce qu'ils étaient reposés et ainsi plus aptes à participer aux activités de stimulation. Cela dit, il est également possible de soutenir son bébé dans l'apprentissage du sommeil sans le laisser dans son lit jusqu'au lendemain matin. Quoi qu'il en soit, les parents qui croient que l'apprentissage du sommeil se fait sans pleurs se trompent.

Chapitre 5

CULPABILITÉ... DISPARAIS !

Si vous vous êtes reconnus, chers parents, en lisant les croyances énumérées au chapitre précédent, peut-être qu'un sentiment de culpabilité vous a pris d'assaut, c'est humain, mais c'est aussi destructeur et surtout paralysant.

Devenir parent pour la première fois constitue l'une des expériences les plus terrifiantes, les plus accaparantes et, en même temps, les plus sublimes qui soient. Bien souvent, ce raz-de-marée émotionnel anéantit une bonne partie de notre capacité de raisonner. Avec le recul, plusieurs parents sont perplexes quant à certaines de leurs décisions : « Comment ai-je pu faire une chose pareille ! » s'exclament-ils. Laissez-moi vous raconter une petite anecdote à ce sujet.

Lorsqu'elle avait environ 6 mois, ma fille a eu son premier rhume et s'est retrouvée avec le nez bouché. Impossible pour elle de bien respirer et donc de bien dormir. En tant que « bonne » maman, je suis allée voir le pédiatre, qui m'a remis une ordonnance pour un produit dégageant les voies nasales. Le pharmacien m'a très bien expliqué comment l'administrer, mais je ne l'ai pas écouté ; tout ce que je voulais, c'était arriver à la maison pour soulager ma fille le plus vite possible. De retour chez moi, j'ai mis des gouttes dans le nez de ma fille. Elle s'est mise à crier et à hurler, son nez est devenu tout rouge et elle se tortillait dans tous les sens. Paniquée, j'ai appelé ma mère en catastrophe et elle m'a alors demandé de lire les indications sur l'étiquette du produit : « AJOUTER QUELQUES GOUTTES DANS LE LAIT » ! Je venais d'irriter le nez de ma belle cocotte en y introduisant un produit qui n'y allait pas. Je me suis sentie comme la mère la plus indigne que la terre ait portée !

L'étais-je vraiment ? Mais pas du tout ! Il n'y a ni mauvais ni bons parents. Il n'y a que des parents qui prennent leurs responsabilités ou pas (malheureusement !). Ma fille ne pouvait pas bien respirer, j'ai consulté un médecin et je lui ai donné un produit pour la soulager. J'ai donc agi en tant que parent responsable. En fait, que s'est-il passé ?

J'ai simplement fait une erreur. Eh oui, j'ai fait une erreur ! Est-ce condamnable ? Pas du tout. En ai-je refait ? OUI... mais pas deux fois la même !

Être parent, c'est être en apprentissage et être responsable d'un plus petit que soi. Les erreurs sont donc partie intégrante du parcours. Nous subissons tellement de pression de la part de notre entourage et de la société en général pour être un parent, un conjoint, un travailleur performant, qu'on en oublie notre condition humaine. C'est vrai que c'est difficile d'être parent et que c'est un travail de chaque instant (je suis bien placée pour le savoir, je le suis moi aussi). Par conséquent, c'est d'autant plus important de s'accorder le droit à l'erreur. Donc, si à un certain moment vous devez faire un geste qui va à l'encontre de ce que vous avez appris dans ce livre, donnez-vous ce droit, quitte à corriger votre façon de faire ensuite, si besoin est.

Par ailleurs, les bébés sont extrêmement sensibles aux émotions des parents. Si vous ressentez de la détresse à l'idée d'apprendre à votre bébé à dormir seul, attendez ! Tout ne se joue pas dans les premiers mois de la vie. J'ai, dans ma clientèle, des parents très tolérants qui n'ont pas dormi une nuit entière avant que leur bambin n'ait atteint l'âge de 2 ans. Attendre si longtemps avant de dormir une nuit complète n'est pas souhaitable, mais plus vous serez conscients de vos ressentis dans votre démarche et de ce que vous êtes prêts à faire, mieux votre bébé s'en portera.

Si vous étiez dans l'erreur et avez perpétué une habitude de sommeil inadaptée, changer cette habitude demandera évidemment un effort à votre bébé et il l'exprimera par des pleurs très forts. Je vous invite alors à lui parler et à lui dire que vous êtes profondément désolés, qu'il peut exprimer ses émotions en pleurant fort, que cela lui fera du bien et que vous l'aimez. Même s'il ne comprend pas encore vos mots, il pourra ressentir ce que vous dites et cela l'aidera à se calmer.

Chassez la culpabilité, laissez place à la responsabilité et allez chercher les outils dont vous avez besoin pour accomplir votre travail de parents, en donnant le meilleur de vous-mêmes, quitte à faire quelques erreurs de parcours. Vos enfants ne vous en tiendront jamais rigueur et ils vous aimeront... sans condition. Surtout n'en doutez plus, vous êtes des parents formidables !

Chapitre 6

LE DOUDOU, MODE D'EMPLOI

Le doudou symbolise le lien entre la mère et l'enfant et sert à consoler ce dernier, à le réconforter et à lui donner du courage. Le doudou n'est pas un jouet. Cet objet à la texture et à l'odeur particulières est indispensable à l'endormissement de certains bambins. Il s'agit habituellement d'un objet mou moulant facilement le corps et se transportant aisément. Le bébé peut s'y attacher pendant plusieurs années, parfois jusqu'à l'âge de 7 ans, ou même plus. Pour qu'un objet soit promu au rang de « doudou suprême », il doit être choisi ou créé par lui. Ce choix s'effectue vers 7 ou 8 mois. Environ un enfant sur deux possède un doudou.

Toutefois, compte tenu du rôle si précieux du doudou, vous pouvez inciter votre bébé à en choisir un qui soit pratique, par exemple une petite couverture que vous mettrez toujours à plat sous sa tête dans son lit, à partir de l'âge de 3 ou 4 mois. Il serait encore mieux que sa mère dorme une nuit avec cette couverture, afin qu'elle l'imprègne de son odeur. Avec un peu de chance, le bébé s'y attachera.

Gardez un œil sur le doudou lors de vos déplacements. Perdre son doudou est pour certains enfants un vrai drame dont ils se souviennent encore à l'âge adulte.

Chapitre 7

SOMMEIL ET LIEN D'ATTACHEMENT

Lorsqu'une stratégie d'apprentissage du sommeil doit être mise en place, une des plus grandes inquiétudes des parents concerne le lien d'attachement. « Mon enfant m'aimera-t-il encore si je le laisse pleurer ? » « Quelles peuvent en être les conséquences à long terme ? »

Par définition, le sommeil nous permet de décrocher de notre environnement et de notre entourage, afin que nous puissions nous retrouver, c'est-à-dire atteindre un espace calme et serein en nous-mêmes. D'ailleurs, les adultes qui éprouvent des difficultés à se laisser aller au sommeil sont ceux qui n'arrivent pas à rejoindre cet espace de zénitude, car ils ressassent leurs préoccupations du quotidien.

Chez le nourrisson et l'enfant en bas âge, cet état de zénitude est procuré par le parent, ce qui implique que cette déconnexion est parfois vécue de façon désagréable, et pour cause : rien n'est plus douillet et réconfortant que les bras d'un parent pour s'abandonner à ceux de Morphée !

Quant au lien d'attachement, il se définit comme un lien affectif positif et durable entre le bébé et son parent, mais dont l'intensité est susceptible de varier au cours d'une vie. Comme le mentionne le Dr Nadia Gagnier, psychologue, « établir un lien d'attachement profond et solide avec l'enfant est essentiel durant les premières semaines de vie. Les parents doivent profiter des moments durant lesquels le bébé est éveillé DURANT LE JOUR pour le prendre, le bercer et le cajoler, afin de développer ce lien d'attachement[*]. »

Le fait d'entamer un apprentissage (comme celui de la stratégie décrite un peu plus loin) incite le bébé à développer de saines habitudes de sommeil. Ainsi plus reposé et de bonne humeur durant les périodes d'éveil, il sera plus en mesure d'apprécier chaque moment de rapprochement. Le lien d'attachement n'en sera que renforcé !

---

[*] Gagnier, Nadia. *Chut ! Fais dodo...*, coll. Vive la vie... en famille – Volume 3, Montréal, Éditions La Presse, 2007, page 50.

Parents au cœur sensible, rassurez-vous : la stratégie des 15 secondes permet de progresser étape par étape, selon une durée prévue, en offrant à bébé la possibilité de retrouver votre corps chaud et douillet, vos bras chaleureux et confortables, de même que votre souffle apaisant, qui le soutiendront au cours de son apprentissage.

Il a été démontré que, à long terme, un enfant reposé est un bébé joyeux, et plus enclin à participer aux activités de développement et aux stimuli d'éveil. Qui dit bébé heureux dit aussi parents heureux !

Chapitre 8

LA TÉTINE, OUI OU NON ?

La tétine (aussi appelée suce ou sucette) est souvent donnée aux nourrissons lorsqu'ils pleurent. Il est incontestable que téter les apaise. Certains ont parfois besoin de téter plus souvent et plus longtemps que ne le requiert leur alimentation. Les laisser téter au sein plus longtemps que nécessaire ou encore leur offrir un biberon de lait supplémentaire ne convient pas. De plus, rares sont les mamans qui trouvent plaisir, à long terme, à devenir la « tétine » de leur bébé en les laissant téter continuellement au sein.

Téter est un besoin légitime. Certains bébés trouveront rapidement leur poing, puis leur pouce, ce qui est pour eux le meilleur moyen de satisfaire seuls leur besoin de téter. Des parents très attentionnés empêchent parfois leur bébé d'essayer de trouver son pouce par lui-même en donnant la tétine rapidement, craignant que l'effort ne soit trop grand pour leur progéniture. Les bébés comprennent vite qu'ils n'ont qu'à réclamer la tétine en pleurant pour qu'elle arrive dans leur bouche. À partir de ce moment, pourquoi feraient-ils l'effort de se contenter de façon autonome ?

Le problème survient après l'âge de 3 mois. Pour le bébé, la tétine est rapidement associée au fait de se calmer et de s'endormir. Il la réclame donc souvent durant la journée et le parent se sent disposé à la lui donner. Mais il la réclame aussi durant la nuit, chaque fois qu'il a un microéveil et qu'il se rend compte qu'il ne l'a pas. S'il a été habitué à s'endormir avec sa tétine, il est convaincu qu'il ne peut se rendormir sans elle. Toutefois, à cet âge, il n'est pas capable de la retrouver dans son lit et encore moins de la remettre correctement dans sa bouche. Donc, bébé se réveille et appelle (en pleurant plus ou moins fort) ses parents. Ceux-ci, devenus insomniaques à force de se lever pour aller la lui rendre, connaissent bien ce problème.

Comment réagir ? Téter, quand on est un nouveau-né, c'est très bien. La règle est de s'assurer que bébé tète quelque chose dont il peut disposer librement et auquel il est capable de revenir seul. Mais lui permettre d'associer son apaisement ou son endormissement à un objet dont il n'est pas totalement maître, c'est accepter de voir le sommeil du nourrisson brisé, de même que le vôtre et celui de toute la famille... en plus de devenir « préposé à la tétine » jusqu'à ce que l'enfant atteigne l'âge de 8 ou 9 mois et qu'il réussisse à la reprendre lui-même.

Le besoin de téter est réel. La solution consiste donc, si vous avez donné une tétine à votre nouveau-né, à lui apprendre à s'en passer vers l'âge de 3 mois, car c'est à ce moment qu'il peut maîtriser ses mains et les porter à sa bouche. Pour y arriver, ce n'est pas très difficile : il suffit de vous en départir pour de bon, de la jeter. Il ne sera donc plus question de la lui donner, ni le jour ni la nuit. Faites-lui confiance, il saura lui-même combler ce manque.

Toutefois, sachez que certains bébés s'adaptent très bien au fait de ne recevoir la tétine qu'à l'heure de la sieste, si cela est plus facile pour vous, et qu'ils acceptent qu'elle ne fasse plus partie de la routine du dodo le soir venu.

Plusieurs parents, quant à eux, choisissent de donner la tétine uniquement durant les périodes d'éveil, pour aider bébé à se calmer et à patienter entre les boires, mais jamais en période de sommeil. Bonne nouvelle : le bébé s'adapte aussi à cette façon de faire !

Chapitre 9

LE REFLUX GASTRO-ŒSOPHAGIEN CHEZ LE NOURRISSON*

En pédiatrie, le reflux gastro-œsophagien (RGO) s'impose actuellement comme le trouble alimentaire le plus fréquent durant la petite enfance, surclassant même largement les classiques coliques du nourrisson en ce qui concerne le nombre de consultations chez le médecin.

Cette réalité témoigne du nombre important de bébés « régurgiteurs », « refleurs » ou « crachouilleurs », puisque la plupart des nourrissons régurgitent durant leur première année de vie. La décision de consulter dépend donc en grande partie de l'inquiétude que cela soulève chez les parents ou du repérage de symptômes connexes inquiétants.

---

* Vous trouverez de l'information supplémentaire à ce sujet sur le site www.tiboo.com/contenu/sante/reflux00.htm

Par exemple, si vous avez l'impression que bébé éprouve des douleurs en position couchée, il est inutile d'espérer le voir se calmer et s'endormir. Un bébé qui a mal ne peut trouver le sommeil. C'est d'ailleurs la même chose pour un adulte. Si vous croyez qu'il souffre de reflux, je vous invite à consulter un pédiatre. Si besoin est, il recevra un médicament et son apprentissage du sommeil pourra débuter par la suite.

Si le reflux est bénin et qu'il n'y a pas lieu de recourir à un médicament, voici quelques conseils pour soulager votre enfant :

- Éviter de trop serrer les couches pour ne pas augmenter la pression abdominale, et éviter les vêtements trop ajustés.

- Surélever la tête du lit de 30° environ, pour prévenir le reflux de l'estomac dans l'œsophage (par exemple, en mettant une serviette roulée sous le matelas).

- Ne pas asseoir le bébé dans des positions qui augmentent la pression abdominale et provoquent ainsi le reflux.

- S'assurer que l'alimentation de la maman qui allaite est le moins acide possible (une nutritionniste pourra vous renseigner à ce sujet).

- D'autres approches comme le massage pour bébé et des visites chez l'ostéopathe peuvent être envisagées par les parents. Plusieurs familles ont constaté que, chez certains bébés, l'effet de ces approches sur le système en général était appréciable et que leur sommeil s'en trouvait amélioré du même coup.

Chapitre 10

APPRENTISSAGE DU SOMMEIL

En règle générale, un bébé en santé âgé de 6 à 8 semaines et de poids convenable (5 kg/12 lb) a suffisamment de réserves pour dormir 6 heures d'affilée durant la nuit. Cette norme, bien que rarement énoncée, figure dans l'ouvrage *Mon enfant dort mal*, des pédiatres Challamel et Thirion, ainsi que dans le livre *Chut ! Fais dodo...* du Dr Nadia Gagnier, psychologue. Il est à noter qu'elle s'applique dans le cas où le bébé est en parfaite santé et lorsque sa prise de poids depuis la naissance est régulière.

Voici de petits trucs à employer dès l'âge de 6 semaines, si vous vous sentez prêts, pour aider votre bébé à faire ses nuits :

- Couchez-le dans son lit dès l'apparition des signes de fatigue : il commence à faire des mouvements saccadés et incohérents et à serrer les poings. Il grimace, fronce les sourcils, son arcade sourcilière rougit et il pleurniche. En couchant votre bébé au bon moment durant les premières semaines, vous préviendrez la plupart des problèmes d'endormissement.

- Laissez-le seul dans une chambre obscure et silencieuse et dites-lui clairement : « Bonne nuit, mon trésor, à demain. » On oublie trop souvent de parler à un bébé, de l'informer de ce qu'on attend de lui, sous-estimant son degré de compréhension. Commencez très vite à lui exprimer vos attentes. Assurez-vous aussi qu'il y ait des bruits ambiants à l'extérieur de sa chambre (en fait, permettez-vous de vivre normalement, en faisant du bruit : parlez au téléphone, laissez fonctionner la télévision et le lave-vaisselle, laissez sonner le téléphone, cuisinez, faites du ménage, etc.). Le silence complet dans la maisonnée n'est pas conseillé.

- S'il se réveille la nuit, attendez un peu avant de vous précipiter pour le nourrir : donnez-lui la possibilité de se rendormir seul. Les parents à l'oreille sensible qui réagissent au moindre bruit émanant du lit de leur petit perturbent, à leur insu, un processus naturel qui permettra à l'enfant d'apprendre à gérer ses réveils nocturnes.

- Il serait donc approprié que les parents s'accordent un délai de quelques minutes avant d'intervenir, afin de permettre au bébé de se rendormir de lui-même.

- S'il pleure sans grande conviction la nuit, n'arrivez pas dans sa chambre avec un biberon tout prêt. Il sait reconnaître l'odeur du lait et ne comprendrait pas pourquoi vous hésitez ou tardez à le lui donner.

- De même, un enfant allaité saisira mieux ce que ses parents attendent de lui si, pendant quelques nuits, c'est son père qui le console et lui prodigue des paroles douces pour l'inciter à se rendormir.

- Évidemment, les parents devront éviter de rester à côté de lui dans la chambre ou de lui donner la main. Il lui faut absolument apprendre à dormir sans la présence de maman ou de papa à ses côtés.

- S'il réussit à dormir une nuit entière, dites-lui « bravo », félicitez-le, car il a besoin d'entendre le contentement et la tendresse dans la voix de ses parents. Même s'il ne comprend pas le sens de ces mots, il sait d'emblée reconnaître les paroles d'amour.

Pour qu'un bébé fasse ses nuits, il faut d'abord qu'il soit capable de s'endormir seul. Si un bébé de 4 mois et plus ne fait pas encore ses nuits (dormir au moins 6 heures d'affilée), c'est peut-être parce qu'il s'endort dans des conditions de dépendance à l'adulte (en étant allaité, bercé, caressé, etc.). Le bébé a donc besoin d'un coup de pouce pour y arriver. Avant de mettre en place toute stratégie pour instaurer de saines habitudes de sommeil, lisez attentivement les pages suivantes et, surtout, posez-vous cette question : êtes-vous prêts ?

Chapitre 11

MESSAGE IMPORTANT POUR LE PAPA[*]

Chers papas, les pleurs d'un bébé sont ce qu'il y a de plus pénible à supporter pour certains parents et particulièrement pour une maman, surtout si elle s'imagine que le bébé pleure comme nous, adultes, le faisons : parce que nous souffrons ou sommes tristes. Or, ce n'est pas le cas ! Les bébés pleurent parce que c'est leur moyen d'exprimer un malaise ou, tout simplement, de se soulager. Les nourrissons pleurent lorsque ça ne va pas, par fatigue, par habitude, ou simplement pour impressionner leur maman. La majorité d'entre vous l'a saisi, mais pas la plupart des mamans. Je sais que cela peut vous sembler impossible, mais c'est ainsi.

---

[*] Ce message s'adresse au parent le moins sensible aux pleurs du bébé. Généralement, dans le couple, c'est le papa. Dans votre couple, s'il s'agit de la maman, ce message est pour elle.

Par ailleurs, un bébé qui dort peu est un bébé qui pleure beaucoup. Sachez, chers papas, que la plupart des mamans sont fermement persuadées qu'un bébé ne doit jamais pleurer. Pourtant, un nourrisson dont les besoins autres que celui de dormir ont été comblés pleurera inévitablement. Les pleurs d'un bébé ne signifient pas que sa mère est indigne. Pourtant, c'est ce que neuf mères sur dix croient (je le sais, je suis une maman !).

Vous, chers papas, savez déjà qu'un bébé qui pleure un peu pour s'endormir, ça n'a rien de grave en soi. Si le parent est confiant, le bébé sera calme. La preuve, c'est que, lorsque vous prenez soin de bébé durant la nuit ou encore lorsque vous le couchez le soir ou pour une sieste, votre bébé réussit à s'endormir en deux temps, trois mouvements. Pourquoi donc, quand maman est là, tout est-il différent ? Pire encore, pourquoi ne croit-elle pas ce que vous lui dites ?

Une grande différence entre les papas et les mamans est que ces dernières, pendant la grossesse, lisent beaucoup plus que vous sur les soins à donner aux bébés. D'ailleurs, n'est-ce pas elles qui ont acheté ce petit livre et vous ont convaincus de consulter ce chapitre ? Malheureusement, dans plusieurs de ces ouvrages, on peut lire qu'un nourrisson ne doit jamais pleurer plus de 2 ou 3 minutes à la fois, car cela risque de briser le lien d'attachement si précieux entre sa maman et lui. Pire encore, certains auteurs affirment même que laisser un enfant pleurer longtemps (plus de 5 minutes !) peut avoir des conséquences très graves, comme la brisure du lien de confiance, le repli sur soi, des troubles psychologiques. Comprenez-vous pourquoi elles deviennent hystériques lorsque leur bébé pleure et qu'elles n'interviennent pas pour le consoler ?

Imaginez un seul instant que votre conjointe néglige de traiter ce qui compte le plus pour vous (votre auto, votre console de jeu vidéo, votre vélo de montagne payé 7000 $, votre collection d'autos, de vin, de monnaie, etc.) de manière à le conserver en bon état de fonctionnement et propre comme un sou neuf... vous deviendriez hystériques, n'est-ce pas ? C'est justement comme cela que se sentent les mamans à la seule idée de laisser un bébé pleurer seul dans son lit.

Une autre chose qu'il est important de savoir est que le petit bébé est très habile pour percevoir ce que ressent sa maman et pour y réagir. Si maman est épuisée, dépassée par les événements ou encore triste parce qu'elle n'a pas votre appui : bébé le sent et pleure. Si les pleurs la culpabilisent, cela ne fait que renforcer l'inconfort du bébé, qui criera de plus belle. De plus, les mamans subissent tellement de pression de part et d'autre concernant le développement de bébé qu'elles se croient obligées d'être parfaites et surtout d'avoir un bébé parfait en tout point. Cela est totalement illusoire ! Comprenez-vous quelle pression elles doivent supporter jour après jour ?

Heureusement que les mamans sont là pour répondre aux pleurs de leur bébé, car, s'il pleure parce qu'il a faim, c'est grâce à son intervention (lui donner à manger) qu'il cessera de pleurer ; s'il pleure parce qu'il a froid, c'est grâce à son intervention (lui mettre des vêtements plus chauds) qu'il cessera de pleurer ; s'il pleure parce qu'il a mal, c'est encore grâce à son intervention qu'il cessera de pleurer, etc. Toutefois, le hic, c'est qu'en matière de sommeil, c'est l'inverse ! Si le parent accorde au bébé son aide pour qu'il cesse de pleurer, cela nuit à son processus d'apprentissage du sommeil et les répercussions à long terme en sont néfastes.

Chers papas, c'est au moment du dodo que vous devez particulièrement entrer en scène. La maman a besoin de votre soutien, de votre compréhension et de votre participation. Cependant, ce n'est pas en vous disputant avec elle, en faisant fi de ce qu'elle ressent, en faisant la sourde oreille la nuit pour ne pas vous lever ou encore en exigeant qu'elle fasse taire le bébé lors des réveils nocturnes que la situation changera. Votre rôle est précieux ! Par chance, vous êtes plusieurs à en être déjà conscients. Il n'y a qu'à voir le nombre grandissant de livres sur le soin des enfants qui s'adressent particulièrement aux papas pour le constater.

Alors, de grâce, lorsque maman voudra cesser d'appliquer la stratégie d'apprentissage du sommeil en cédant aux pleurs de bébé (et cela même si elle était d'accord il y a un instant – le doute viendra s'emparer d'elle !), soyez les partenaires les plus doux et délicats possible. Ou encore, si elle vous demande d'intervenir la nuit, pour dire à bébé de faire dodo, obtempérez sans discuter, car bébé sent très bien l'odeur du lait s'il est allaité, ce qui rend inopportune la présence de sa maman dans sa chambre.

Durant l'apprentissage du sommeil, les mamans ont plusieurs besoins :

- Que vous respectiez leurs émotions (si vous les comprenez, c'est encore mieux !).

- Que vous acceptiez qu'elles trouvent extrêmement difficile de permettre à bébé de dormir seul.

- Que vous les rassuriez en leur rappelant doucement et tendrement que bébé a le **droit de pleurer et d'exprimer son mécontentement** à l'heure du dodo (rien à voir avec les mots « laisser pleurer », qui riment avec « négligence » dans la tête et le cœur d'un parent).

- Que vous les consoliez si leurs larmes coulent à flots parce que leur bébé, si petit pour elles, doit apprendre à dormir sans leur aide, sans elles.

- Que vous leur rappeliez que la constance, la persévérance et, surtout, la cohérence font partie de la stratégie, que reculer maintenant déstabilisera le bébé et l'incitera à combattre son sommeil davantage.

- Que vous mentionniez que, la prochaine fois, ce sera encore plus difficile si elles cèdent maintenant, etc.

Je suis certaine que vous trouverez les bons mots.

Enfin, si vous constatez que vous n'y arriverez pas, acceptez que la maman fasse appel à de l'aide extérieure, et ce, même si ce n'est pas gratuit. Il arrive que le message passe mieux lorsque quelqu'un d'autre la soutient durant le processus.

Sur le site www.brigittelangevin.com, vous verrez que différents forfaits existent en matière de consultation (téléphonique ou à domicile) concernant le sommeil de bébé. Parfois, c'est le coup de pouce dont maman a besoin.

Si la maman (et le papa !) est heureuse et confiante, le bébé le ressentira et connaîtra assurément de meilleures nuits de sommeil et de plus longues siestes.

Chapitre 12

MESSAGE IMPORTANT
POUR LA MAMAN*

Chères mamans, je suis très bien placée pour comprendre ce que vous vivez, je suis aussi une maman et ma fille atteindra bientôt l'âge de 26 ans ! Vous ne pouvez imaginer le nombre de fois où j'ai dû me faire violence (eh oui, le terme est bien choisi) afin de lui permettre de grandir, de se développer, d'apprendre, de découvrir... enfin, de lui permettre de se détacher un peu plus de moi.

Aujourd'hui, je peux vous assurer que le chemin parcouru, c'est-à-dire le travail accompli, me réjouit à chaque instant. Les résultats sont grandioses : ma fille est non seulement saine d'esprit, mais elle est en plus autonome,

---

* Ce texte a été écrit par une mère et pour une mère, mais s'il vous interpelle, chers papas, il est aussi pour vous.

responsable et sait répondre à ses besoins tout en prenant soin de ses désirs. Quelle belle récompense au terme de tant d'années de labeur (soyons honnête : être parent, c'est boulot le plus exigeant sur terre !). Le plus beau dans cette aventure, c'est que je sais que je suis celle qui a fait en sorte de permettre à cette enfant de prendre son envol et de se réaliser. Le rôle de la maman dans les premières années de vie de l'enfant est si important que tous affirment qu'il en va de la survie de ce dernier.

Nous savons bien qu'un enfant de 3 ans peut apprendre à être propre, mais qu'un bébé de 9 mois n'y arrivera pas. Toutefois, saviez-vous que le même principe s'applique au sommeil ? Ce qui nous joue un vilain tour, c'est que dormir est si naturel et essentiel qu'on croit que le nourrisson y arrivera tout seul. Lorsque nous nous apercevons qu'il est dépendant de nous pour s'endormir et que nous sommes épuisées au point de même parfois détester ce petit bébé que nous aimons tant, nous nous rendons à l'évidence qu'il faut agir et lui apprendre à dormir seul. Malheureusement, de nos jours, trop de monde croit avec conviction qu'encourager les bébés à s'endormir par eux-mêmes leur cause du stress ou, pire encore, pourrait nuire à leur développement émotif et entraîner plus tard des troubles de l'anxiété. Pourtant, lorsque le moment est propice, établir de bonnes habitudes de sommeil se fait en douceur et le processus d'apprentissage peut même s'avérer agréable. Par contre, ce qui dérange vraiment un bébé, c'est qu'on le force à abandonner une vieille routine. L'apprentissage du sommeil n'est pas pénible ; corriger de mauvaises habitudes l'est.

Une autre croyance qui est partagée avec conviction par les mamans de tous âges (et encore plus par les grands-mamans) est qu'un bébé est incapable de recouvrer tout seul son bien-être, ce que s'endormir seul dans son lit exige. Cela est vrai durant les 6 à 8 premières semaines de vie du nourrisson, alors que tout le processus neurologique le lui permettant n'est pas encore au point. Toutefois, le bébé y parvient par la suite, comme l'explique le Dr Cathryn Tobin :

> « Lorsqu'un sourire illumine le visage de votre poupon de 2 mois, cela signifie que ses capacités mentales se sont développées, que ses circuits neurologiques ont pris de la maturité et qu'il est maintenant en mesure d'apprendre et de se souvenir. Ces progrès nous

permettent de savoir que la mise en place de saines habitudes de sommeil peut désormais commencer. Cette période propice à l'apprentissage au sommeil se prolonge jusqu'à environ 28 semaines, soit environ 7 mois.* »

Vers 8 ou 9 mois, votre bébé se perçoit comme un être à part entière, avec une personnalité distincte et des points de vue propres, ce qui complique l'heure du dodo. Évidemment, tout n'est pas perdu pour autant, car, en matière de sommeil, la mise en place de saines habitudes peut se faire jusqu'à l'âge de 8 ou 9 ans. Toutefois, cela m'attriste profondément lorsque les parents attendent trop longtemps avant d'inculquer de bonnes habitudes à leur enfant, parce que je sais combien cela devient plus difficile avec le temps.

Mais pourquoi tant de mamans repoussent-elles le moment de donner à leur bébé de bonnes habitudes de sommeil ? Les raisons sont nombreuses :

---

* Tobin, Cathryn. *Bébé fait ses nuits*, Montréal, Éditions de l'Homme, 2007, p. 36.

• *Je suis trop fatiguée.*

L'épuisement total est de loin l'explication entendue le plus souvent. À 4 h du matin, cernées jusqu'au menton, vous n'avez souvent rien à faire des bonnes habitudes de sommeil et tout ce que vous voulez, c'est trouver un moyen rapide pour que votre poupon se rendorme. Toutefois, il faut garder en tête que cette façon de faire reporte le moment où vous et votre petit dormirez enfin convenablement.

• *Je crains de réveiller les voisins ou le reste de la famille en apprenant à mon bébé à s'endormir.*

Certains parents considèrent qu'il est impensable de permettre à leur bébé de pleurer, de peur d'embêter les autres. Cependant, lorsque vous aurez mis en place de bonnes habitudes de sommeil et que vous serez passées au travers des deux ou trois premières nuits, vous vous demanderez pourquoi vous avez attendu si longtemps ! Si vous connaissez bien vos voisins et vous sentez à l'aise avec eux, pourquoi ne pas aller les informer de ce que vous entreprenez ?

- *Je ne suis pas convaincue que cela fonctionnera pour mon bébé.*

Certains bébés mettent un peu plus de temps que d'autres, mais tous, sans exception, sont capables de s'endormir seuls et pour de longues périodes lorsqu'on utilise les techniques appropriées. Sachez qu'une maman convaincue permet au bébé de s'abandonner plus rapidement au processus d'apprentissage du sommeil. C'est parfois miraculeux !

- *Mon conjoint ne peut pas supporter d'entendre le bébé pleurer.*

Si c'est le cas, faites-lui lire le message important écrit à l'intention du papa dans les pages précédentes... ou envoyez-le dormir deux ou trois nuits chez sa mère !

- *Mon bébé est toujours malade.*

C'est un des signes qui révèlent une dette de sommeil flagrante ; il est donc temps d'ajuster les habitudes de sommeil de toute la famille. Plus vite vous y verrez, mieux votre bébé s'en portera.

- *Mon bébé est vraiment trop jeune.*

  Pas s'il a plus de 8 semaines. Si vous inculquez de bonnes habitudes de sommeil à votre bébé dès son jeune âge, vous éviterez à tout le monde bien des ennuis.

- *Mon bébé a plus de 12 mois.*

  Ne vous inquiétez pas. Il y a encore des moyens de le faire succomber au sommeil. Cela demande simplement plus de temps, d'ingéniosité et de détermination.

- *Un apprentissage précoce du sommeil peut avoir des conséquences négatives sur l'allaitement.*

  Bien au contraire, la beauté de l'apprentissage du sommeil, c'est qu'une maman qui dort mieux la nuit est plus en forme et peut allaiter sur une plus longue période. Voici d'ailleurs le témoignage de l'une d'elles :

  > – *Cette croyance est vraiment stupide et je suis la preuve vivante que cela n'empêche pas d'allaiter. Mon fils, Vincent, a un an et je l'allaite toujours ! Je ne comprends pas que certains organismes prônent l'allaitement à la demande après 10 ou 12 semaines et passé un certain poids. Vincent*

n'a jamais souffert de diminuer ses boires et d'avoir un horaire plus stable pour mieux dormir ! De toute façon, il ne demandait pas à boire au milieu de la nuit, mais à dormir, et c'est moi qui ignorais comment répondre à son besoin ! Je ne crois pas qu'il soit bénéfique pour un bébé de se réveiller encore deux fois par nuit à 6 mois ! C'était le cas de Vincent, et j'ai entendu beaucoup de mamans qui allaitaient dire que leur bébé ne faisait pas encore ses nuits ou ses siestes comme il faut, et ce, à 7 et 8 mois, même. Alors qu'au contraire, si j'allaite encore, c'est probablement parce que mon bébé a réussi à bien dormir et à faire ses nuits et ses siestes. J'ai pu récupérer et trouver cela plus facile d'allaiter. Je ne crois pas qu'une maman qui allaite huit ou neuf fois par jour et deux ou trois fois par nuit son bébé de 6 mois, alors qu'il devrait dormir, soit aux anges. Il y en a une qui m'a dit, il n'y a pas longtemps: « Ah mon Dieu ! Tu allaites encore et il a un an ! Wow ! Tu es chanceuse. Le mien a 7 mois et je commence à être épuisée et à trouver ça très prenant... » Je lui ai posé quelques questions pour me rendre compte que son bébé était dans la même position que Vincent il y a peu de temps. Elle l'allaitait encore à la demande et chaque fois qu'il pleurait elle le mettait au sein. Il ne faisait toujours pas ses nuits ! Je lui ai raconté pour Vincent et lui ai suggéré d'aller voir ton site... Je ne sais pas si elle m'a écoutée et si cela l'a aidée, mais, au moins, j'aurai fait ce que je pouvais. En plus, tout le monde n'en revient pas que Vincent soit aussi calme et toujours de bonne humeur. Je suis certaine que le fait qu'il dorme bien y est pour quelque chose.

Alors voilà, je tenais à ce que tu saches que je souhaite vraiment qu'il y ait un jour un vent de changement à ce sujet, puisque ça améliorerait la qualité de vie de beaucoup de bébés, et de beaucoup de mamans !

Valérie, une maman comblée

Faites-vous confiance et surtout faites confiance à votre bébé. De trop nombreuses mamans décrètent qu'elles n'ont pas l'énergie nécessaire pour changer les habitudes de sommeil de leur petit. Quelques-unes uniquement auront de la chance ; leur bébé modifiera ses habitudes sans trop de complications. Posez-vous cette question : est-ce que je veux vraiment me retrouver à faire la même chose dans une semaine, un mois ou un an ? Si la réponse est non, je vous encourage à passer à l'action et à surmonter le défi qui vous attend.

Je suis de tout cœur avec vous.

Chapitre 13

ÊTES-VOUS PRÊTS ?

C'est bien connu, un bébé qui ne dort pas épuise ses parents. Qui dit parents fatigués dit parents émotifs, parents enclins à la dispute, aux désaccords, etc. Avant de mettre en place quoi que ce soit, il faut que les parents s'entendent sur la stratégie à employer. Il faut savoir que, si vous choisissez une stratégie et que vous cessez de l'appliquer en cours de route pour de bonnes ou de mauvaises raisons, vous n'exprimerez pas clairement vos attentes à votre bébé et il aura encore plus tendance à combattre le sommeil.

Voici donc certaines règles importantes à connaître avant d'entreprendre quoi que ce soit pour apprendre à bébé à s'endormir seul :

A

Prenez la résolution de rester sur vos positions. Vous n'inculquerez pas instantanément de bonnes habitudes à votre enfant. Si vos nuits sont entrecoupées depuis quelques mois déjà, suivre une stratégie susceptible d'aggraver la situation dans un premier temps requiert une volonté de fer. Donc, pas question d'essayer juste pour voir et de faire ensuite marche arrière sous prétexte que l'enfant a réagi trop fort, a pleuré 2 heures d'affilée ou 3 nuits de suite.

B

Soyez confiants. Les parents calmes et sûrs d'eux maximisent leurs chances de résoudre le problème en moins de huit jours, et ce, s'ils n'y arrivent pas dès la première nuit.

C

Respectez-vous. Définissez vos forces et faiblesses en tant que parents. Choisissez une approche en harmonie avec vous et respectueuse de votre degré d'émotivité. Ne choisissez pas une méthode sous la contrainte ou simplement parce qu'on vous la recommande vivement. Si vous vous sentez incapables d'endurer les pleurs et les réactions intenses de votre enfant, rassurez-vous, rien ne presse.

D

Conformez-vous aux règles. Lorsque vous avez choisi une stratégie et convenu des règles à adopter, préparez-vous à les respecter. Si vous hésitez ou êtes en désaccord sur la conduite à tenir, votre conjoint et vous devriez y réfléchir pour trouver un consensus. Abandonner une stratégie en cours de route est le meilleur moyen de résoudre votre enfant à combattre le sommeil. Les parents qui disent « avoir tout essayé » sans succès pour faire dormir leur enfant sont souvent ceux qui ne respectent pas les règles et les durées recommandées lors de l'application de la stratégie. Également, il peut être opportun d'interroger vos propres sentiments et attitudes face au sommeil lorsque vous étiez enfants. Avez-vous ressenti de l'isolement, de la peur ou de l'abandon ? Craignez-vous que votre enfant vive également un sentiment d'abandon ?

E

Informez le bébé de vos attentes. Exprimez-lui votre conviction d'agir pour le mieux-être de tous et votre assurance qu'il en sera le premier bénéficiaire. Même s'il ne peut vous comprendre, il peut ressentir ce que vous dites. Vous pouvez en être absolument certains.

Vous devriez maintenant être prêts à commencer... sinon, attendez de l'être.

Chapitre 14

STRATÉGIE DES 15 SECONDES[*]

C ette stratégie a pour but d'aider bébé à se calmer afin qu'il puisse y arriver lui-même par la suite et ainsi découvrir qu'il peut s'endormir sans la présence de maman ou papa. L'approche consiste à intervenir auprès du bébé, à le prendre, en ajoutant un délai de 15 secondes entre chaque intervention. Cette technique s'applique avec les bébés de 8 semaines à 6 ou 7 mois. Cependant, bien des parents de bébés de 8 à 12 mois l'ont appliquée avec succès. Avant de commencer, placez une chaise droite près du lit de votre bébé et déposez un crayon sur une table basse tout près de vous, ainsi que la grille offerte dans ce livre et un chronomètre.

---

[*] Si bébé est malade au cours du processus, il est recommandé d'interrompre le programme et de le reprendre lorsqu'il se portera mieux.

Toute stratégie d'apprentissage du sommeil doit d'abord être appliquée à l'heure du dodo de la nuit, et non lors d'une sieste, car le besoin de sommeil se fait plus pressant. Voici donc les consignes :

1. Accomplissez votre rituel habituel, dont la dernière étape est d'aller fermer les rideaux, toile ou store. Mettez votre bébé dans son lit alors qu'il est réveillé (et non pas somnolent). S'il s'est assoupi durant le boire, changez-le de couche (ou faites semblant si sa couche est sèche) avant de le mettre au lit afin qu'il soit entièrement réveillé.

2. Assoyez-vous sur une chaise droite à côté du lit. Évitez de regarder le bébé dans les yeux. Votre regard ne doit pas croiser le sien, même si vous l'observez.

3. Quand il se mettra à pleurer intensément, actionnez le chronomètre. Attention, si votre bébé chigne ou pleure sans conviction, il est en train de se réconforter, ne démarrez pas le compte.

4. Une fois le temps d'attente écoulé (15 secondes pour la première intervention, 30 pour la seconde, 45 pour la troisième, et ainsi de suite), mettez un crochet vis-à-vis du

chiffre (afin de vous rappeler où vous en êtes pour la prochaine intervention), reprenez le bébé en position debout face à vous (la tête appuyée sur votre épaule), et laissez-le se calmer sans le bercer, ni le flatter ni le tapoter, etc. Parlez-lui doucement et tendrement si vous le désirez. Lorsque l'intensité des pleurs aura considérablement diminué ou qu'il n'y aura plus aucun pleur (il ne doit surtout pas s'endormir sur vous), recouchez-le sans hésitation dans son lit, même s'il se remet à pleurer avant d'avoir été déposé complètement sur le matelas. Rassoyez-vous ensuite. Ne le regardez pas dans les yeux et ne lui parlez pas lorsqu'il est au lit.

5. Quand il pleure de nouveau intensément (et il va le faire !) redémarrez le chronomètre. Une fois le temps d'attente écoulé (cette fois-ci 30 secondes) et le crochet mis au bon endroit sur la grille, reprenez le bébé en position debout face à vous (la tête appuyée sur votre épaule), et laissez-le se calmer sans le bercer, le flatter ou le tapoter. Parlez-lui doucement et tendrement si vous le désirez. Lorsque l'intensité des pleurs aura considérablement diminué ou qu'il n'y aura plus aucun pleur (il ne doit surtout pas s'endormir sur vous), recouchez-le sans hésitation dans son lit, même s'il se remet à pleurer avant d'avoir

été déposé complètement sur le matelas. Rassoyez-vous ensuite. Ne le regardez pas dans les yeux et ne lui parlez pas lorsqu'il est au lit.

6. Agissez ainsi jusqu'à ce qu'il se soit endormi par lui-même dans son lit. Plus le bébé est tenace et combatif, plus ce sera long avant qu'il ne se laisse aller au sommeil. Il n'y a aucune inquiétude à avoir. Soyez persévérants et, surtout, quittez la pièce si vous n'avez plus à intervenir, car il ne doit pas s'endormir en votre présence.

7. Quand le bébé se réveille durant la nuit, reprenez votre chronométrage là où vous en étiez (sauf s'il s'agit d'un boire). Par exemple, s'il s'était endormi après l'intervention de 2 min 30 s, attendez 2 min 45 s avant de retourner le voir pour le prendre et l'aider à se calmer.

8. Si le bébé s'éveille trop tôt le matin (par exemple à 4 h 30), reprenez le chronométrage là où vous en étiez. S'il ne se rendort pas et que son heure habituelle de lever arrive, accomplissez le rituel du lever.

9. Le rituel du lever consiste à saluer le bébé (même s'il pleure fort) et à aller directement lever la toile. Ensuite,

revenez devant votre bébé et, cette fois-ci, aidez-le à se calmer tout en le laissant dans son lit. Vous devez lui parler joyeusement, lui sourire et l'encourager, mais pas le toucher ni le flatter. Une fois qu'il s'est calmé (il peut pleurer encore un peu, mais de façon beaucoup moins intense), félicitez-le et sortez-le du lit. Le rituel s'applique le matin, mais également à la fin de chaque sieste.

10. Le rituel du lever devra être accompli chaque fois que le bébé aura assez dormi et que ce sera le moment de le lever. Ainsi, si vous devez intervenir la nuit pour quelque raison que ce soit, il saura que le dodo n'est pas terminé, puisque vous n'aurez pas levé la toile de sa fenêtre et que vous ne lui aurez pas parlé sur un ton joyeux.

11. Le lendemain, poursuivez la stratégie des 15 secondes avec la sieste du matin. Le compte de la veille n'est plus utile. Attendez cependant 15 secondes de plus avant la première intervention (jour 2, première intervention : 30 s ; jour 3 : 45 s ; jour 4 : 60 s – commencez après la zone hachurée sur la grille). Cela progressera tout au

long de la journée jusqu'à un maximum de 5 minutes d'attente entre chaque intervention, pour apprendre au bébé à se calmer et ainsi à s'endormir seul. Lorsque ce compte est atteint, n'ajoutez plus de secondes.

12. Et ainsi de suite pour les journées subséquentes.

À noter :

Au début du programme, chez les bébés de plus de 4 mois (avant cet âge, la durée des siestes est aléatoire), on maintient rigoureusement l'heure du coucher le soir et des siestes (que l'enfant ait dormi ou pas), et on ne le sort du lit qu'à la fin de la sieste (même s'il venait de s'endormir), après avoir exécuté le rituel du lever. Il est important de tenir bébé réveillé entre les siestes en évitant de le mettre dans une situation où il s'endormira à coup sûr (poussette, promenade en auto, porte-bébé, etc.). Cependant, **si bébé démontre des signes de fatigue avant l'heure convenue du coucher**, il convient de le coucher plus tôt. L'heure du coucher est devancée, seule l'heure du lever demeure fixe. Le but est d'éviter de le voir résister au sommeil durant les périodes d'éveil. Durant les premiers jours de l'apprentissage, il est fréquent de devoir agir ainsi pour les siestes. Vous trouverez de l'information complémentaire à ce sujet dans le livre *La sieste chez l'enfant*, aux Éditions de Mortagne.

Si on doit obligatoirement moucher bébé ou le replacer sur son matelas, il est important d'éviter tout contact visuel et d'agir le plus rapidement possible, sans le sortir du lit. Ne le changez pas inutilement de couche pendant une période de sommeil (couvrez-lui les fesses d'une bonne pâte protectrice), sauf après le boire de nuit (s'il y a lieu), ce qui vous permettra de le coucher alors qu'il est réveillé. Si vous devez absolument le changer parce que sa couche est souillée ou déborde, évitez tout contact visuel et ne le sortez pas de son lit, pour empêcher qu'il croie que le dodo est terminé. Agissez le plus rapidement possible.

Quand bébé se met à chigner, à pleurer sans conviction ou demeure silencieux pendant plusieurs secondes (plus de 15 secondes environ) pendant le chronométrage, vous devez remettre le chronomètre à zéro. Par exemple, si vous en êtes à attendre 1 min 30 s et que l'intensité de ses pleurs diminue à 1 min 9 s, mettez le chrono sur pause et comptez jusqu'à 15 dans votre tête. Si les pleurs ne s'intensifient pas, remettez le chronomètre à zéro et reprenez le laps de 1 min 30 s seulement lorsqu'il se remettra à pleurer intensément. Toutefois, s'il recommence à pleurer intensément à l'intérieur des 15 secondes, interrompez la pause et continuez le même compte, jusqu'à atteindre le laps de temps voulu, 1 min 30 s dans ce cas-ci.

S'il se calme en moins de 10 secondes lorsque vous le sortez du lit, bébé risque de s'endormir rapidement dans vos bras. Il est préférable de le laisser dans son lit, **de coller votre joue contre la sienne** et de lui parler doucement dans l'oreille pour l'amener à s'apaiser, plutôt que de le prendre. Vous devrez sans doute monter sur un tabouret pour y parvenir. Prenez garde à ce que vos cheveux ne chatouillent pas son visage et que vos bras – sur lesquels vous êtes appuyés – ne le touchent pas ; vos mains ne doivent pas le caresser non plus. Une fois que le bébé est calmé, retirez-vous rapidement et rassoyez-vous sur la chaise. Évidemment, le joue-à-joue est possible chez les bébés dont le matelas est haut. Si le matelas est bas, vous pourriez mettre une main sur sa joue, sans le caresser, et lui parler tendrement. Vous la retirez dès qu'il s'est apaisé.

Si votre bébé est en santé et n'a toujours pas développé de bonnes habitudes de sommeil (pendant la nuit et pour l'endormissement initial des siestes) après 5 ou 7 jours de cette technique, c'est souvent parce que l'un ou l'autre de ces obstacles est survenu :

- *Vous avez cédé en cours de route.*

  Soyez cohérents, peu importe les circonstances. Les bébés comprennent par association. Si vous leur donnez l'impression qu'ils ont intérêt à pleurer, ils continueront de le faire sans se lasser. De plus, si vous cessez l'apprentissage en cours de route, votre bébé sera plus combatif et ce sera sans doute plus long la prochaine fois. Votre message doit donc être clair comme de l'eau de roche : *Je t'aime de tout mon cœur et je crois que tu peux t'endormir dans ton lit.* Faites-lui confiance, votre bébé s'y adaptera.

- *Il s'endort à l'occasion ailleurs que dans son lit.*

  Il est important d'observer la règle d'or de cette stratégie : votre bébé doit s'endormir dans son lit. Si vous lui permettez de s'endormir dans vos bras, dans l'auto ou dans la poussette, il espérera que cela se reproduise à tout coup. Il a beau être menu, sa force de caractère est loin de l'être. Lorsque le bébé dormira bien, il vaudra mieux faire vos courses durant ses périodes d'éveil ; étant alors au sommet de sa forme, il ne risquera pas de s'endormir.

- *Pas d'horaire régulier.*

Un horaire stable et régulier évite bien des difficultés de sommeil. Toutefois, l'horaire peut ne pas se mettre naturellement en place. Il sera nécessaire d'en établir un, et, surtout, de le respecter. Voir l'horaire suggéré dans la grille ci-après.

- *Un message confus est donné à bébé.*

Quand il pleure durant l'apprentissage, lorsque vous le mettez au lit et que vous le reprenez alors dans vos bras pour le nourrir, le balancer doucement ou le bercer pour l'aider à se rendormir, vous risquez de déstabiliser votre bébé tout en n'exprimant pas clairement vos attentes. Il faut donc vous assurer que vous lui envoyez un message compréhensible. Après l'avoir mis au lit, guidez-le pour qu'il puisse trouver le chemin du sommeil en appliquant la stratégie des 15 secondes. Vous serez donc près de lui pour le prendre au moment opportun, pour lui parler et l'aider à se calmer. Mais un élément demeure non négociable : il doit être mis au lit alors qu'il est réveillé.

Lors de l'application de la stratégie des 15 secondes, lorsque vous le reprenez après un laps de temps pour l'aider à s'apaiser, bébé ne devrait pas pleurer plus fort dans vos bras que dans le lit. Cela signifierait qu'il n'a pas été pris au moment opportun, car vous ne chronométriez pas les bons pleurs, et qu'il est désorienté. Réussir à repérer la bonne intensité des pleurs est un défi pour tous les parents ! Pour y parvenir, il faut parfois y aller par essais et erreurs lors des premières interventions.

JOUR 1

Temps d'attente entre les interventions	Sieste en avant-midi (8 h 30 – 10 h 30)	Sieste en après-midi (12 h 30 – 15 h 00)	Sieste vers le souper (16 h 30 – 17 h 15)	Dodo (19 h – 7 h)
15 s				
30 s				
45 s				
1 min				
1 min 15 s				
1 min 30 s				
1 min 45 s				
2 min				
2 min 15 s				
2 min 30 s				
2 min 45 s				

Le sommeil du nourrisson

Temps d'attente entre les interventions	Sieste en avant-midi (8 h 30 – 10 h 30)	Sieste en après-midi (12 h 30 – 15 h 00)	Sieste vers le souper (16 h 30 – 17 h 15)	Dodo (19 h – 7 h)
3 min				
3 min 15 s				
3 min 30 s				
3 min 45 s				
4 min				
4 min 15 s				
4 min 30 s				
4 min 45 s				
5 min				
5 min				
5 min				

JOUR 2

Temps d'attente entre les interventions	Sieste en avant-midi (8 h 30 – 10 h 30)	Sieste en après-midi (12 h 30 – 15 h 00)	Sieste vers le souper (16 h 30 – 17 h 15)	Dodo (19 h – 7 h)
15 s				
30 s				
45 s				
1 min				
1 min 15 s				
1 min 30 s				
1 min 45 s				
2 min				
2 min 15 s				
2 min 30 s				
2 min 45 s				

Temps d'attente entre les interventions	Sieste en avant-midi (8 h 30 – 10 h 30)	Sieste en après-midi (12 h 30 – 15 h 00)	Sieste vers le souper (16 h 30 – 17 h 15)	Dodo (19 h – 7 h)
3 min				
3 min 15 s				
3 min 30 s				
3 min 45 s				
4 min				
4 min 15 s				
4 min 30 s				
4 min 45 s				
5 min				
5 min				
5 min				

JOUR 3

Temps d'attente entre les interventions	Sieste en avant-midi (8 h 30 – 10 h 30)	Sieste en après-midi (12 h 30 – 15 h 00)	Sieste vers le souper (16 h 30 – 17 h 15)	Dodo (19 h – 7 h)
15 s	//////			//////
30 s	//////			//////
45 s				
1 min				
1 min 15 s				
1 min 30 s				
1 min 45 s				
2 min				
2 min 15 s				
2 min 30 s				
2 min 45 s				

Temps d'attente entre les interventions	Sieste en avant-midi (8 h 30 – 10 h 30)	Sieste en après-midi (12 h 30 – 15 h 00)	Sieste vers le souper (16 h 30 – 17 h 15)	Dodo (19 h – 7 h)
3 min				
3 min 15 s				
3 min 30 s				
3 min 45 s				
4 min				
4 min 15 s				
4 min 30 s				
4 min 45 s				
5 min				
5 min				
5 min				

JOUR 4

Temps d'attente entre les interventions	Sieste en avant-midi (8 h 30 – 10 h 30)	Sieste en après-midi (12 h 30 – 15 h 00)	Sieste vers le souper (16 h 30 – 17 h 15)	Dodo (19 h – 7 h)					
15 s	//////	//////	//////	//////					
30 s	//////	//////	//////	//////					
45 s	//////	//////	//////	//////					
1 min									
1 min 15 s									
1 min 30 s									
1 min 45 s									
2 min									
2 min 15 s									
2 min 30 s									
2 min 45 s									

Temps d'attente entre les interventions	Sieste en avant-midi (8 h 30 – 10 h 30)	Sieste en après-midi (12 h 30 – 15 h 00)	Sieste vers le souper (16 h 30 – 17 h 15)	Dodo (19 h – 7 h)
3 min				
3 min 15 s				
3 min 30 s				
3 min 45 s				
4 min				
4 min 15 s				
4 min 30 s				
4 min 45 s				
5 min				
5 min				
5 min				

JOUR 5

Temps d'attente entre les interventions	Sieste en avant-midi (8 h 30 – 10 h 30)	Sieste en après-midi (12 h 30 – 15 h 00)	Sieste vers le souper (16 h 30 – 17 h 15)	Dodo (19 h – 7 h)
15 s				
30 s				
45 s				
1 min				
1 min 15 s				
1 min 30 s				
1 min 45 s				
2 min				
2 min 15 s				
2 min 30 s				
2 min 45 s				

Temps d'attente entre les interventions	Sieste en avant-midi (8 h 30 – 10 h 30)	Sieste en après-midi (12 h 30 – 15 h 00)	Sieste vers le souper (16 h 30 – 17 h 15)	Dodo (19 h – 7 h)
3 min				
3 min 15 s				
3 min 30 s				
3 min 45 s				
4 min				
4 min 15 s				
4 min 30 s				
4 min 45 s				
5 min				
5 min				
5 min				

JOUR 6

Temps d'attente entre les interventions	Sieste en avant-midi (8 h 30 – 10 h 30)	Sieste en après-midi (12 h 30 – 15 h 00)	Sieste vers le souper (16 h 30 – 17 h 15)	Dodo (19 h – 7 h)
15 s	/////	/////	/////	/////
30 s	/////	/////	/////	/////
45 s	/////	/////	/////	/////
1 min	/////	/////	/////	/////
1 min 15 s	/////	/////	/////	/////
1 min 30 s				
1 min 45 s				
2 min				
2 min 15 s				
2 min 30 s				
2 min 45 s				

Temps d'attente entre les interventions	Sieste en avant-midi (8 h 30 – 10 h 30)	Sieste en après-midi (12 h 30 – 15 h 00)	Sieste vers le souper (16 h 30 – 17 h 15)	Dodo (19 h – 7 h)
3 min				
3 min 15 s				
3 min 30 s				
3 min 45 s				
4 min				
4 min 15 s				
4 min 30 s				
4 min 45 s				
5 min				
5 min				
5 min				

JOUR 7

Temps d'attente entre les interventions	Sieste en avant-midi (8 h 30 – 10 h 30)	Sieste en après-midi (12 h 30 – 15 h 00)	Sieste vers le souper (16 h 30 – 17 h 15)	Dodo (19 h – 7 h)
15 s				
30 s				
45 s				
1 min				
1 min 15 s				
1 min 30 s				
1 min 45 s				
2 min				
2 min 15 s				
2 min 30 s				
2 min 45 s				

Temps d'attente entre les interventions	Sieste en avant-midi (8 h 30 – 10 h 30)	Sieste en après-midi (12 h 30 – 15 h 00)	Sieste vers le souper (16 h 30 – 17 h 15)	Dodo (19 h – 7 h)
3 min				
3 min 15 s				
3 min 30 s				
3 min 45 s				
4 min				
4 min 15 s				
4 min 30 s				
4 min 45 s				
5 min				
5 min				
5 min				

Il est fréquent que le processus d'apprentissage s'échelonne sur plus de 7 jours en ce qui concerne l'apprentissage des siestes (c'est-à-dire en venir à transformer les courtes siestes de 30 à 45 minutes en un sommeil continu de 2 à 3 heures). Si c'est votre cas, ajoutez 15 secondes de plus au jour 8 (commencez donc la première intervention après 2 minutes), et ainsi de suite.

Enfin, voici le témoignage d'une maman qui a utilisé la stratégie des 15 secondes.

J'ai une belle petite puce. Elle est exclusivement allaitée et j'espère bien continuer un bout. Ma fille n'a pas de reflux ni de coliques, ni de « ouin ouin » du soir. Après un accouchement difficile, quelques complications m'ont fait hospitaliser sans ma fille durant huit jours. De retour à la maison, j'ai enfin retrouvé ma puce, qui a immédiatement commencé à pleurer lorsque je ne la tenais plus dans mes bras, tandis que, lorsque j'étais hospitalisée, elle dormait seule dans son lit. Petit à petit, car j'étais épuisée, j'ai pratiqué le cododo un peu malgré moi... ma fille ne s'endormait plus que sur et avec moi, de jour comme de nuit. Elle avait alors 8 semaines. Je tentais depuis deux jours de la faire dormir dans son lit et sa chambre avec un doudou, un vêtement imprégné de mon odeur... mais échec ! Sieste ou dodo, je craquais après 5 minutes de pleurs très éprouvants. J'allais la voir, car elle était en nage, le visage rouge et plein de larmes, et n'était même plus apaisée par des caresses, des chansons ou des paroles réconfortantes. Je la prenais alors dans mes bras, où elle s'endormait immédiatement.

Et elle ne voulait toujours pas dormir dans son lit le jour. Elle s'endormait soit dans sa balançoire, soit dans la chaise vibrante, soit sur moi, et, dès que je la déposais dans son lit, elle pleurait. J'avais vraiment l'impression qu'elle était fatiguée, car elle ne semblait pas joyeuse, elle chignait souvent. Je me demandais si je pouvais faire quelque chose pour instaurer une routine et une stratégie ou si, à cet âge, c'était trop tôt.

C'est alors que quelqu'un a mis un ange sur ma route : Brigitte Langevin (elle porte bien son nom d'ailleurs : l'ange vint à notre secours !). Elle m'a enseigné la technique des 15 secondes et, après seulement 2 nuits de persévérance et quelques siestes... ma belle puce s'est mise soudainement à dormir dans son lit ! C'est vrai qu'au départ on est vite à fleur de peau, les secondes paraissent interminables et les larmes de crocodile sont terriblement culpabilisantes. SAUF si, comme moi, vous êtes soutenue par les gentils encouragements de Brigitte et que vous êtes convaincue qu'il est dans l'intérêt de tous et surtout de votre fille de s'endormir seule dans SON lit ! Alors je me suis tenue droite comme un piquet, j'ai retenu ma main qui spontanément se préparait à la caresser (j'ai dû faire le joue-à-joue, car elle s'endormait en moins de deux dès que je la prenais), j'ai continué plutôt à expliquer à ma fille que je l'aimais très fort. Lorsque les pleurs redoublaient de force, je me concentrais uniquement sur le chronomètre et les secondes qui défilaient... Nous nous sommes rendues à deux fois 5 minutes la première nuit avant que je la voie se laisser aller au sommeil : oui, ma fille est tenace ! Puis, 2 min 30 s la sieste suivante... 1 min 45 s la seconde nuit... et puis... plus rien ! Quelques grognements parfois... une série de pleurs hier afin de me tester à nouveau, mais sinon ma fille ne pleure plus lorsque je la mets au lit. Elle dort entre 8 et 10 heures chaque nuit, et fait des siestes allant d'une heure et demie à 2 h. Non, ce n'est pas un miracle, c'est le résultat du travail fait avec amour pour mon bébé.

Nous n'avons pas fait de sortie ni de balade cette semaine, en dehors de brèves courses juste après les siestes, de manière à consolider cet acquis que j'imagine fragile. Je sais que quelques nuits difficiles nous attendent encore, mais c'est normal, les enfants sont ainsi et cela n'a rien à voir avec la situation initiale ! Je dors enfin tranquillement dans mon lit (enfin, les deux premières nuits, *c'est moi qui me réveillais pour vérifier que tout allait bien, car le bruit de sa petite respiration dans mon lit avait disparu... cela me manquait.). Et que dire des réveils souriants... le visage de mon ange est si détendu... Ce sont des moments idéaux pour de gros câlins qui remplacent avantageusement ceux du cododo forcé !*

Quel soulagement ! Quel bonheur ! Après tant de péripéties et un peu de culpabilité de ne pas avoir su répondre immédiatement aux besoins de ma fille, dont j'avais été séparée... je reprends une énorme bouffée de courage ! Vos encouragements, chère Brigitte, et votre partage de maman, m'ont en outre beaucoup touchée.

Merci mille fois et mille fois encore ! Une famille comblée.

P.-S. Mes amies sont envieuses et ont toutes voulu savoir mon secret !... Je leur ai enseigné votre stratégie des 15 secondes avec joie. Continuez de prêter main-forte aux mamans et aux bébés désemparés. Ce que vous faites est formidable !

Chapitre 15

AUGMENTATION DU NIVEAU DE CONSCIENCE À L'ÂGE DE 4 MOIS

Il est fréquent d'entendre des parents raconter que leur bébé de 2 mois a de lui-même allongé son temps de sommeil, la nuit, passant ainsi de 3 ou 4 heures à 6 ou 7 heures en continu, sans boire. Ils constatent aussi que, durant la journée, les boires se sont espacés de façon naturelle. Au lieu d'être nourri toutes les 2 ou 3 heures, bébé arrive à dormir plus longtemps, par périodes de 3 ou 4 heures.

Jusqu'à ce qu'il atteigne 4 mois... Tout à coup, les éveils nocturnes en pleurs augmentent, il lui arrive d'être de nouveau nourri toutes les 2 heures comme un bébé naissant. Il n'a pas beaucoup d'appétit, mais réclame tout de même le sein ou le biberon pour s'apaiser. Durant le jour, les siestes sont plus courtes, il ne dort que de 30 à 45 minutes à la fois. Que s'est-il passé ?

C'est très simple, chers parents : votre bébé est devenu naturellement plus conscient de son environnement et, surtout, de votre présence ! Il veut vous témoigner le plaisir qu'il ressent à être cajolé, caressé, bécoté, stimulé, et ce, à toute heure du jour et de la nuit... Il veut honorer le lien d'attachement que vous avez affectueusement développé depuis sa naissance.

Certains parents y prennent du plaisir, et c'est tant mieux ! Cependant, pour le bébé, cela peut devenir une source d'épuisement à moyen et long termes. Malgré tout le bien-être qu'il ressent à votre contact, si on répond à cette demande au détriment de son besoin primaire de sommeil, il arrivera un jour où les sourires disparaîtront pour laisser place à des pleurs, à des gémissements et à une mauvaise humeur constante. Bébé est devenu trop fatigué pour apprécier ces moments de tendresse que vous lui offrez.

Son message sera clair : « Je ne peux plus continuer ainsi et je ne sais plus profiter de mon sommeil, puisque je ne veux rien manquer de votre présence, maman et papa ! » Votre rôle sera donc de lui permettre de développer de bonnes habitudes de sommeil, afin qu'il retrouve le sourire durant les périodes d'éveil. L'application de la stratégie des 15 secondes sera alors nécessaire pour y parvenir. Si vous l'aviez déjà utilisée auparavant, reprenez là où vous vous étiez arrêtés dans le chronométrage, en enlevant **une minute**. Par exemple, si vous n'aviez jamais attendu plus de 3 min 45 s avant d'intervenir, recommencez à 2 min 45 s lors du réapprentissage. La même logique peut s'appliquer si bébé a été malade, au retour de vacances ou dans toute autre situation ayant provoqué une dégradation de son sommeil.

Chapitre 16

ANGOISSE DE SÉPARATION
ET SOMMEIL

La mère est le pilier de la sécurité du bébé. C'est elle qui l'a porté dans son ventre et c'est habituellement elle qui le nourrit durant les premiers mois de sa vie. L'angoisse de la séparation survient chez un bébé de 7 ou 8 mois. C'est un cheminement normal chez l'enfant qui découvre que sa mère ne fait pas partie de lui, qu'elle est une autre personne. Il commence à se sentir unique et il se prépare à s'ouvrir au monde qui l'entoure. Il est en train de prendre conscience de son « moi ». Durant cette période, il aime regarder son reflet dans le miroir, se découvrir et se reconnaître.

Les comportements à travers lesquels votre bébé va démontrer son inquiétude peuvent affecter son sommeil :

alors qu'il faisait ses nuits, le voilà qui s'éveille à nouveau et pleure intensément. Le parent intervient alors pour le calmer en le berçant et en le recouchant pratiquement endormi. Toutefois, soyez vigilants, car un bébé qui se met à se réveiller la nuit toujours à la même heure ne le fait pas à cause de l'angoisse de séparation. De fait, le bébé traverse plusieurs phases de sommeil léger dans la deuxième partie de la nuit et, lors d'un microéveil (il en a régulièrement), le risque qu'il s'éveille complètement est augmenté. S'il devient très avenant lors des réveils nocturnes, le parent peut être assuré que le bébé l'interprétera comme une récompense et qu'il répétera son comportement (s'éveiller en pleurant) nuit après nuit. C'est ce que nous appelons de l'insomnie conditionnée. Le réveil nocturne est conditionné par la très grande gentillesse du parent, qui met tout en œuvre pour calmer son bébé.

Un signe évident d'angoisse de séparation est que votre bébé, habituellement sociable et confiant, se cramponne à vous lorsque vous le faites garder à la maison ou lorsque vous le laissez à la garderie le matin. Il pleure à fendre l'âme quand vous partez.

Comment réagir ? Si vous soupçonnez que votre bébé est aux prises avec l'angoisse de séparation et qu'il a des réveils nocturnes, la première chose à vérifier est que cela n'est pas dû à un inconfort quelconque : fièvre, froid, dentition, etc. S'il n'en est rien, rassurez votre bébé par des paroles tendres et douces tout en le recouchant. Évitez de le sortir du lit et de rendre ce moment trop agréable pour lui. Si vous le désirez, vous pouvez rester quelques minutes dans la chambre, mais assurez-vous d'avoir quitté la pièce avant qu'il ne s'endorme, car il sera pris de panique lors du prochain réveil si vous n'y êtes plus. S'il continue de pleurer fort et longtemps malgré votre intervention, vous pouvez aller le revoir au bout de quelques minutes, en répétant ce scénario. Si votre départ le met en colère (s'il intensifie ses pleurs au moment où vous quittez la pièce ou au moment où vous y entrez), il est préférable de ne plus le stimuler par vos allers-retours. Votre présence amplifiera sa colère et il mettra plus de temps à se calmer. Surtout, faites-lui confiance, votre bébé sait s'endormir seul, il peut y arriver de nouveau.

Les pédiatres affirment que les cas extrêmes d'angoisse de séparation sont souvent liés au malaise ressenti par les parents et les autres personnes au moment de laisser un jeune enfant. Les petits sentent très vite la nervosité ou l'hésitation d'un parent qui ressent de l'angoisse à la pensée d'être séparé d'eux. De fait, les deux plus fréquentes causes d'angoisse sont reliées à l'histoire personnelle des parents : l'une est leur propre anxiété de séparation, l'autre est leur incapacité à frustrer l'enfant. Un parent calme et rassurant est quelqu'un qui aide son enfant à accepter les personnes auxquelles il est confié et la nouveauté d'un environnement sûr.

CONCLUSION

S'achève maintenant votre lecture et débute le travail d'apprentissage avec votre bébé. Cela est demandant et loin d'être de tout repos. Vous devrez sans doute sacrifier votre sommeil à un moment où vous en aurez probablement le plus besoin. Peut-être songerez-vous à tout laisser tomber, mais, en véritables héros, vous tiendrez bon ! Tout votre amour et votre dévouement porteront leurs fruits, vous verrez. Non seulement votre bébé fera ses nuits, mais il gazouillera, fera du charme et saura s'emparer du cœur de tous ceux qui s'en approcheront. Ses nouvelles habitudes de sommeil auront pour effet de le rendre plus sociable, curieux, engageant, etc. Vous serez fiers du chemin parcouru.

Rappelez-vous que de bonnes habitudes sont faciles (trop faciles) à perdre. Il vous faudra demeurer confiants, constants, persévérants et cohérents. Le sommeil de l'enfant continuera de varier au fur et à mesure qu'il grandira et évoluera. Il s'agit d'un engagement à long terme. Mais vous avez maintenant de bons outils.

Par ailleurs, il se peut que la famille et les amis trouvent difficile de constater que vous tenez à respecter le sommeil de votre bébé. Ils tenteront de semer le doute dans votre esprit et de vous laisser croire que ce n'est pas si grave s'il ne dort pas si bien. De grâce, faites-leur un beau sourire et changez de sujet, car ils ne peuvent comprendre ce que vous venez de traverser. Parfois, ils sont tellement aux prises avec leurs propres problèmes de sommeil ou avec ceux de leurs enfants que cela peut les ébranler de découvrir qu'un bébé peut très bien dormir.

Enfin, si les problèmes de dodo vous paraissent toujours insurmontables ou si vous continuez de craindre que votre bébé ne soit jamais capable de changer, vous pouvez trouver davantage de soutien et d'encouragement en lisant *Comment aider mon enfant à mieux dormir*, d'autant plus que ce livre comprend un bon de réduction pour une consultation téléphonique avec moi. Il est offert dans toutes les bonnes librairies et sur le site www.brigittelangevin.com. J'espère de tout cœur que vous entrerez en contact avec moi si vous connaissez des problèmes ou si vous avez des questions qui n'ont pas été couvertes par cette publication. Le sommeil est une nécessité et non un luxe !

Annexe A

QUESTIONNAIRE POUR VÉRIFIER
SI MON BÉBÉ DORT SUFFISAMMENT[*]

Malheureusement, il n'existe pas d'appareil qui indique si votre bébé dort suffisamment. Le questionnaire suivant vous permettra d'évaluer dans quelle mesure ses besoins en matière de sommeil sont comblés. Notez que chaque point pris isolément ne doit pas devenir une source d'inquiétude, c'est plutôt la somme de ceux-ci qui signalera si votre enfant souffre d'une dette de sommeil.

Répondez par OUI ou NON à chacune des questions suivantes. Est-ce que votre bébé :

---

[*] Tobin, Cathryn. *Bébé fait ses nuits*, Montréal, Éditions de l'Homme, 2007, p. 27-28.

	Questions	O/N
1	S'endort dans la voiture dès qu'elle est en marche ?	O
2	Résiste à l'essai de nouveaux aliments ?	N
3	Semble gauche ?	N
4	Nécessite constamment « toute » votre attention ?	N
5	A toujours besoin d'être dans vos bras ?	N
6	Est d'humeur instable, hypersensible ou irritable ?	N
7	Devient de plus en plus agité à mesure que la journée avance ?	N
8	Se réveille de mauvaise humeur ?	O
9	Franchit ses étapes de croissance avec du retard ?	N
10	Se frotte constamment les yeux ou lutte pour garder la tête droite ?	N
11	Tombe endormi dès que vous l'installez dans la poussette ou la balançoire ?	N

	Questions	O/N
12	Bâille fréquemment ?	O
13	Tombe souvent endormi dans vos bras ?	O
14	Semble extrêmement impatient ?	N
15	Réagit si sa routine est le moindrement modifiée ?	N
16	Est nonchalant une bonne partie de la journée ?	N
17	Oppose de la résistance au moment d'aller au lit ?	O
18	Réagit mal aux frustrations ?	O
19	Dort moins que la moyenne des heures de sommeil recommandée pour son groupe d'âge ?	O
20	Refuse de faire la sieste ?	O

Compilation des résultats : additionnez tous les OUI et vous obtiendrez votre score final.

0-5 : Votre bébé ne souffre pas d'un manque de sommeil.

6-10 : Le tempérament de votre bébé constitue en soi un défi.

11-15 : Votre bébé a besoin de plus de sommeil. Il est important d'y remédier.

16-20 : Le manque de sommeil semble problématique. Il faut aller chercher de l'aide.

Annexe B

D'AUTRES RÉPONSES
À VOS QUESTIONS

Q : Mon bébé est venu au monde prématurément, soit à 32 semaines. À quel âge puis-je commencer son apprentissage du sommeil ?

R : Il convient vraiment d'attendre qu'il ait atteint 8 semaines en âge corrigé. Pour calculer l'âge corrigé, on soustrait l'**âge gestationnel** de l'âge qu'il aurait dû avoir à terme, soit 40 semaines. Cela donne le nombre de semaines de prématurité. Ce nombre est alors soustrait de l'**âge chronologique** (nombres de semaines depuis sa naissance) pour donner l'**âge corrigé**. Par exemple, si votre bébé est né à 32 semaines (âge gestationnel), il a 8 semaines de prématurité (40-32 = 8). S'il est aujourd'hui âgé de 12 semaines (âge chronologique) et qu'on applique la soustraction (12-8 = 4), votre bébé a donc 4 semaines en âge corrigé. Dans ce cas, il convient d'attendre encore 4 semaines afin de tenir compte de sa maturation cérébrale, donnée importante dans le processus d'apprentissage.

Q : J'ai accouché récemment de jumelles. Elles sont âgées de 16 semaines et elles sont venues au monde à terme. Puis-je commencer leur apprentissage du sommeil ? Si oui, la stratégie des 15 secondes leur conviendra-t-elle ?

R : Si elles sont en santé, que leur courbe de croissance est ascendante et qu'elles sont venues au monde à terme, vous pouvez commencer leur apprentissage du sommeil en utilisant la stratégie des 15 secondes. Évidemment, chacune sera dans son lit, mais dans la même pièce. Il faudra mobiliser les deux parents (un parent par enfant). Même si l'une d'elles succombe au sommeil avant l'autre, rassurez-vous, les pleurs de cette dernière ne viendront pas la déranger.

Q : Je viens d'adopter un nourrisson. La stratégie des 15 secondes peut-elle être appliquée avec lui ?

R : Selon les spécialistes de l'adoption, il est préférable de ne pas insister pour modifier les habitudes de sommeil d'un bébé adopté. L'enfant devra déjà s'adapter à de nouveaux visages, à de nouveaux sons, à un nouvel environnement, etc. Renseignez-vous de votre mieux à propos de la routine du dodo à laquelle votre bébé était habitué et appliquez-la à son arrivée, même si elle ne correspond pas à un idéal. En revanche, si bébé s'endort déjà très bien – ce qui est possible même chez les bébés adoptés –, veillez à ne rien compromettre, même s'il est difficile pour vous de vous séparer de l'enfant le soir venu.

Q : Mon bébé dormait très bien jusqu'à ce qu'il tombe malade et, depuis qu'il est guéri, il se réveille deux à trois fois par nuit. Est-ce passager ?

R : Sans même s'en rendre compte, plusieurs parents se font prendre au jeu du « attendons, on verra bien ». Ils perdent alors du temps à attendre que leur bébé cesse de se réveiller, la nuit, alors qu'en fait, ce dont il a besoin, c'est qu'ils prennent les choses en main.

Q : Mon bébé grogne et gémit la nuit, est-il souffrant ?

R : Il est naturel chez certains bébés de gémir et de grommeler quand ils bougent la nuit. Parfois, ces manifestations sont aussi associées aux rêves. Vous pouvez aller voir si tout va bien, mais évitez de lui toucher s'il n'a aucun malaise apparent, car votre intervention risquerait de le réveiller.

Q : Mon bébé dort beaucoup plus le jour que la nuit, comment puis-je l'aider à renverser cette tendance ?

R : Les bébés ne naissent pas avec la notion du jour et de la nuit. Parfois, ils semblent dormir toute la journée et rester éveillés toute la nuit. On peut rapidement remédier à cette confusion entre ces périodes en exagérant ce qui les différencie. Par exemple, lorsque vous donnez à boire à votre bébé, durant le jour, parlez-lui d'une voix chantante et animée, caressez ses cheveux et gardez la pièce lumineuse. Le soir ou la nuit, parlez doucement et chuchotez ; donnez-lui à boire et remettez-le simplement au lit. Éclairez la chambre avec une lampe de faible intensité et, lorsque vous l'éteignez, préservez la noirceur. Juste avant de sortir, respirez profondément et lentement pour transmettre une impression de calme.

Q : Est-ce une bonne idée d'offrir de l'eau à mon bébé pour lui permettre de faire ses nuits ? Il a déjà 4 mois, est en bonne santé et pèse plus de 7 kg/15 lb.

R : Offrir un biberon d'eau à la place du lait chaud peut parfois mettre un frein aux réveils nocturnes, comme si le bébé se disait : « À quoi bon me réveiller si je n'obtiens que de l'eau ? »

Q : Mon bébé se met à pleurer quand je le couche, peut-être a-t-il mal ?

R : Selon mon expérience, si un bébé est tout à coup de bonne humeur quand vous le prenez, les douleurs physiques ne sont pas en cause.

Q : Mon bébé a été hospitalisé quelques jours. Il s'éveille désormais toutes les nuits alors qu'il dormait bien avant. Va-t-il se remettre à bien dormir bientôt ?

R : En matière d'habitudes de sommeil, les régressions sont inévitables après une hospitalisation. Accordez-vous du temps ainsi qu'à votre bébé pour récupérer avant de vous mettre à l'entraînement au sommeil. Entre-temps, réfléchissez bien à votre manière d'agir : plus vous permettrez la prise de mauvaises habitudes, plus le travail de rééducation sera difficile lorsque vous reprendrez l'entraînement.

Q : Mon bébé hurle la nuit et se raidit, je ne sais pas pourquoi. Même le nourrir ne le calme pas. Est-ce que ce sont des cauchemars ou des terreurs nocturnes ?

R : Un nouveau-né ne peut pas vous dire pourquoi il pleure, car il ne le sait pas lui-même. Rien ne prouve qu'il s'agissait d'une terreur nocturne ou même d'un cauchemar. Peut-être votre bébé était-il tout simplement fâché d'être réveillé tout d'un coup alors qu'il était si fatigué... Ce comportement indique toutefois qu'il ne se sent pas bien. Durant les premières semaines, il est parfois difficile pour le parent de distinguer les différents types de pleurs. Surtout, ne vous en faites pas si vous n'arrivez pas à comprendre ceux de votre bébé. Donnez-vous du temps à tous les deux. La prochaine fois que cela arrivera, assurez-vous que rien ne lui fait mal et prenez-le dans vos bras pour le calmer. S'il se raidit encore plus, redéposez-le dans son lit et laissez une main tendre et douce sur lui. Parlez-lui d'un ton confiant et calme et dites-lui que vous êtes désolés de ne pas comprendre ce qu'il a, mais que vous êtes là pour lui ; vous verrez, il se calmera. Évidemment, il est important d'être calme soi-même ; si vous paniquez devant votre impuissance, le bébé le ressentira et mettra plus de temps à se calmer. Afin d'éviter qu'un bébé fasse des terreurs nocturnes, le plus important est de s'assurer qu'il dort suffisamment. La première cause des terreurs nocturnes est une dette de sommeil. Assurez-vous que votre bébé n'est pas maintenu réveillé plus de 2 heures à la fois. Enfin, si vous soupçonnez que votre bébé souffre, il est important de consulter son pédiatre le plus tôt possible.

Q : Ma belle-sœur a mis en place la stratégie des 15 secondes avec son fils et, en moins de deux jours, tout était réglé. Ma fille, du même âge, a mis près de 4 jours. Comment cela se fait-il ?

R : Surtout rassurez-vous, vous êtes une mère extraordinaire. Certains bébés ont plus de facilité à s'endormir et à rester endormis que d'autres. Les parents d'enfants « faciles » donnent l'impression que l'apprentissage du sommeil est simple. En revanche, certains bébés sont extrêmement sensibles et d'humeur très changeante ; leur apprendre à dormir est un supplice. Il importe de vous rappeler que le tempérament du bébé aura une influence sur sa capacité d'adaptation à chacune des étapes le menant à faire ses nuits. On ne peut pas changer le tempérament d'un enfant, toutefois on peut apprendre à l'apprécier et à en tirer parti.

Q : J'ai un charmant bébé de 5 mois avec qui j'ai entamé le processus d'apprentissage du sommeil. En moins d'une semaine, l'amélioration a été notable. Cependant, comment expliquer le fait qu'il arrive à bien dormir le soir, la nuit et pendant sa sieste du matin, mais pas pendant celles de l'après-midi ?

R : Le sommeil en soirée et celui de la nuit sont favorisés, durant cet apprentissage, puisque le besoin de sommeil est plus pressant et le moment passé au lit, plus long. Quant à la sieste du matin, le bébé étant bien reposé, il succombera plus facilement au sommeil. Cependant, pour les siestes en après-midi, le bébé est plus fatigué et cela rend le processus plus ardu. On parle ici de fatigue normale, accumulée durant la journée. Par ailleurs, il est fréquent que les parents se déplacent en après-midi (courses, rendez-vous ou autres), ce qui a pour effet de déstabiliser le bébé dans son apprentissage. Le processus est donc plus long, pouvant parfois prendre jusqu'à 3 ou 4 semaines... Et ce, même dans les familles qui délaissent les activités d'après-midi pour se consacrer entièrement à l'apprentissage du sommeil ! Je vous invite à consulter le livre *La sieste chez l'enfant*, aux Éditions de Mortagne, pour bien saisir tous ces enjeux.

Q : Il y a dix jours, j'ai commencé à appliquer la stratégie des 15 secondes avec mon bébé de 3 mois. Pourtant, je dois encore intervenir plusieurs fois lorsque je le couche, le soir. Est-ce normal ?

R : Généralement, on observe de nettes améliorations de la capacité du bébé à s'endormir (et à se rendormir), pendant la soirée et la nuit, au bout de 2 à 3 nuits. Lorsque le processus d'apprentissage semble s'éterniser sans améliorations évidentes, il convient en effet de se questionner. Je vous invite à relire le chapitre qui détaille la stratégie des 15 secondes afin de voir quels sont les obstacles qui ont pu se dresser, à votre insu, pendant l'application de la stratégie. Assurez-vous également que votre bébé dort suffisamment le jour. Parfois, les parents concentrent tous leurs efforts sur le sommeil de nuit, mais ils n'insistent pas trop sur le sommeil de jour. Un bébé qui ne dort pas suffisamment de jour verra rapidement ses nuits se dégrader.

Q : J'aimerais commencer l'apprentissage du sommeil de mon bébé, mais seulement pour la nuit. Est-ce possible de différer l'apprentissage du sommeil de jour?

R : Oui, c'est possible. Plusieurs parents l'ont expérimenté avec succès. Ils ont utilisé la stratégie des 15 secondes pour développer de bonnes habitudes de sommeil pendant la nuit et, de jour, ils ont continué à endormir leur bébé en dépendance (c'est-à-dire en le nourrissant, le caressant, le berçant, etc.). Leur enfant a tout de même développé de bonnes habitudes de sommeil nocturne en l'espace de 2 à 3 nuits ! Toutefois, l'idéal est de demeurer cohérent dans le processus et de s'investir autant de jour que de nuit, même si l'apprentissage de jour est plus long.

Q : Mon bébé a 6 mois et le pédiatre vient de m'aviser que je dois cesser de le nourrir la nuit, car il boit de moins en moins le jour. Dois-je arrêter toutes les tétées de nuit au même moment et entamer la stratégie ?

R : Oui, il est préférable de toutes les cesser en même temps. Cependant, vous pouvez aussi diminuer graduellement la durée des tétées (de une à 2 minutes de moins par nuit). Si bébé est nourri au biberon, diminuez la quantité de lait donné (de 100 à 200 ml de moins dans chaque biberon), nuit après nuit. Vous pourrez entamer la stratégie par la suite.

BIBLIOGRAPHIE

Bacus, Anne. *Le sommeil de votre enfant*, Paris, Éditions Marabout, 2004, 283 p.

Brazelton, T. Berry, et Joshua D. Sparrow. *Apaiser son enfant*, Paris, Éditions Fayard, 2004, 140 p.

Challamel, Marie-Josèphe, et Marie Thirion. *Mon enfant dort mal*, coll. Évolution, Paris, Pocket, 2003, 383 p.

Gagnier, Nadia. *Chut ! Fais dodo...*, coll. Vive la vie... en famille – Volume 3, Montréal, Éditions La Presse, 2007, 80 p.

Galarneau, Sylvie. *Fais dodo mon trésor*, Montréal, Bayard Canada, 2008, 320 p.

Ferber, Richard. *Protégez le sommeil de votre enfant*, coll. La vie de l'enfant, Thiron, ESF éditeur, 1990, 237 p.

Hogg, Tracy. *Les secrets d'une charmeuse de bébé*, Paris, Éditions J'ai lu, 2004, 208 p.

Lecendreux, Dr Michel. *Le sommeil*, Paris, Éditions J'ai lu, 2003, 275 p.

Martello, Evelyne. *Enfin je dors... et mes parents aussi*, Montréal, Éditions du CHU Sainte-Justine, 2007, 120 p.

Nemet-Pier, Lyliane. *Moi, la nuit, je fais jamais dodo...*, Paris, Fleurus Éditions, 2000, 196 p.

Solter, Aletha. *Mon bébé comprend tout*, Paris, Éditions Marabout, 2007, 377 p.

Solter, Aletha. *Pleurs et colères des enfants et des bébés*, Saint-Julien-en-Genevois, Éditions Jouvence, 1999, 192 p.

Tobin, Cathryn. *Bébé fait ses nuits*, Montréal, Éditions de l'Homme, 2007, 240 p.

Wilson, Paul, et Tania Wilson. *Mère calme, enfant calme*, Paris, Éditions J'ai lu, 2004, 175 p.

Winnicott, Donald W. *De la pédiatrie à la psychanalyse*, Paris, Payot, 1989, 464 p.

À PROPOS DE L'AUTEURE

Brigitte Langevin est une conférencière et formatrice œuvrant dans la francophonie, au Canada et en Europe. Elle tente de favoriser un meilleur sommeil et une compréhension plus profonde des bienfaits d'un travail sur les rêves. Elle a également développé une certaine expertise dans les questions touchant la compréhension des dessins d'enfants et la discipline.

Son dynamisme, son humour et sa facilité à vulgariser des concepts théoriques et scientifiques font d'elle une conférencière très populaire. Elle amène ainsi les individus à prendre en charge leur sommeil et leurs rêves ainsi qu'à assumer leur rôle de parents ou d'éducateurs, tout en démystifiant les dessins d'enfants.

Auteure prolifique, elle a publié à ce jour dix ouvrages.

- *Rêves & Créativité* s'adresse à tous ceux qui ont à cœur de développer leur potentiel de créativité par les rêves, tant dans les domaines personnel et artistique que professionnel et scientifique.

- *S.O.S. Cauchemars* permet de comprendre la cause des cauchemars les plus communs, de les interpréter et de leur donner un sens. L'ouvrage propose également une méthode efficace pour se prémunir contre eux.

- *Le rêve et ses bénéfices* offre des témoignages inspirants qui vous donneront le goût de vous préoccuper de vos rêves. Ce livre expose avec simplicité une méthode, facile à mettre en pratique, pour comprendre les messages de ses rêves et en bénéficier pleinement.

- *Comment aider mon enfant à mieux dormir* offre aux parents et aux éducateurs tous les outils pour surmonter les différents problèmes liés au sommeil des enfants. Ce guide énonce les pièges à éviter et les stratégies éprouvées pour surmonter diverses difficultés.

– *Mieux dormir... j'en rêve !* propose de répondre aux questions les plus fréquemment posées sur le sujet et s'adresse à des lecteurs de tous âges : de l'étudiant à la personne âgée, de l'homme d'affaires stressé à la femme enceinte. Ce livre fournit de l'information essentielle sur les conditions d'un bon sommeil et offre au lecteur des moyens concrets et des solutions naturelles pour mieux dormir.

– *Une discipline en douceur* propose des méthodes d'intervention efficaces, pratiques et non violentes pour corriger les attitudes indésirables et inculquer de saines habitudes de vie. De plus, les différentes stratégies sont appuyées par de nombreux exemples concrets, selon les groupes d'âge.

– *Comprendre les dessins de mon enfant* est un guide pratique pour vous permettre de devenir des parents ou des éducateurs avisés et capables de voir au-delà de l'aspect pictural du dessin. Vous y trouverez suffisamment de matériel pour analyser les dessins de votre enfant sous un tout autre angle.

– *La sieste chez l'enfant* dévoile les moyens de bien intégrer la sieste à la vie de l'enfant, dans le respect de ses besoins et en lui permettant de s'y adonner de façon agréable. Truffé de témoignages et d'exemples concrets.

– *Le guide pratique des routines du coucher et du lever* est un guide complet et illustré sur les routines du coucher et du lever qui a pour but de rendre ces moments agréables et efficaces. Inclus : 8 exercices de détente, une histoire pour le dodo, une chanson pour faire sourire votre bambin au lever et une foule de personnages attachants ! Enfin un outil complet pour redonner à la routine du sommeil ses lettres de noblesse. Disponible en format numérique seulement. 39 pages.

Pour obtenir des informations concernant les prochaines activités de Brigitte Langevin, veuillez communiquer avec elle à l'une des adresses suivantes :

Courriel
contact@brigittelangevin.com

Site Internet
www.brigittelangevin.com

Facebook
De bonnes habitudes de sommeil,
ça s'apprend !

REMERCIEMENTS

Je remercie tous ceux qui ont organisé mes conférences sur ce sujet. Les expériences et les questions stimulantes des centaines de parents et intervenants de la petite enfance qui y ont participé m'ont fourni l'occasion d'affiner et de clarifier le contenu de ce livre. Les plus aidants auront été bien entendu les parents qui m'ont permis de les accompagner directement sur le terrain, donc au cœur même de l'apprentissage du sommeil de leur nourrisson. Je les remercie du plus profond de mon cœur.

Un merci rempli de gratitude à deux mamans qui ont amélioré le contenu du livre par leur participation : Ève-Annick Brossard, maman de Camille, pour la conception de la grille servant à noter la progression de la stratégie des

15 secondes, et Julie Dionne, maman de Charlotte, pour sa relecture méticuleuse du manuscrit et ses commentaires judicieux.

Enfin, un merci empreint de reconnaissance à l'équipe dynamique des Éditions de Mortagne, qui témoigne un enthousiasme renouvelé à la présentation de chacun de mes manuscrits.

BRIGITTE LANGEVIN

La sieste chez l'enfant

Préface du
Dr François Dumesnil,
psychologue

ÉDITIONS DE MORTAGNE

Achevé d'imprimer
sur les presses de
Imprimerie H.L.N.
Imprimé au Canada - Printed in Canada